아직도 회사에 다니십니까?

집에서 10억 버는
카페 24 쇼핑몰
제작하기 박길현 지음

아티오
ArtStudio

박길현

카페24 쇼핑몰 강사. KBdream 등 10여 개가 넘는 웹사이트를 제작했으며, 이니스프리, CJ 등 기업과 경희대, 중앙대, 건국대, 한양대 등 다수 대학에서 쇼핑몰 강의를 진행했습니다. 저서로는 〈월 1억 원 매출이 오르는 상세페이지 기획법〉과 〈된다! 포토샵&일러스트레이터〉가 있습니다. 13년 경력의 카페24 강의 경력을 통해 카페24 쇼핑몰 제작 방법을 널리 알리려 합니다.

저자와 소통할 수 있는 채널

- 블로그 : https://blog.naver.com/rlfcjstm
- 유튜브 : https://www.youtube.com/TheOWHYO
  유튜브에서 '길자쌤의 쇼핑몰스쿨'을 검색하세요~
- 인스타그램 : @im_gilhyun

집에서 10억 버는
카페24 쇼핑몰 제작하기 개정판

2023년 4월 10일 개정판 발행
2024년 9월   5일 개정2판 인쇄
2024년 9월 10일 개정2판 발행

펴낸이	김정철
펴낸곳	아티오
지은이	박길현
마케팅	강원경
표 지	김지영
편 집	이효정
전 화	031-983-4092~3
팩 스	031-696-5780
등 록	2013년 2월 22일
정 가	25,000원
주 소	경기도 고양시 호수로 336 (브라운스톤, 백석동)
홈페이지	http://www.atio.co.kr

※ 소스 자료는 아티오(www.atio.co.kr)에서 다운 받으세요.

* 아티오는 Art Studio의 줄임말로 혼을 깃들인 예술적인 감각으로 도서를 만들어 독자에게 최상의 지식을 전달해 드리고자 하는 마음을 담고 있습니다.

얼마 전 지인이 점심을 먹다가 동료에게 놀라운 이야기를 들었다고 합니다. 대표가 한 직원을 해고 시켰는데 그 다음 차례가 지인이라고 이야기했다는 것입니다. 40살이 넘은 제 지인은 그 이야기를 듣자마자 주말에 창업교육을 들으러 다니고 있습니다.

누군가에 의해서 나의 미래가 정해지는 것이 불안하지 않나요?
매일 아침 출퇴근 지옥철을 타고 다니면서 상사의 눈치만 보고 살고 계신가요?

아무런 대처방안 없이 일하는 것은 언젠가 나이가 들고 체력이 약해지면 끝나게 되어 있습니다. 100세 시대에 회사만 믿고 다니는 것은 불안할 수밖에 없습니다.

온라인 쇼핑몰은 내가 잠을 자고 있을 때에도 상품이 판매되고 있습니다. 온라인 쇼핑몰을 운영하면 좁은 회사가 아닌 넓은 세계로 눈을 돌릴 수 있습니다. 열심히 하는 만큼 성과가 있고 내 쇼핑몰이라는 뿌듯함이 있습니다. 물론 창업이 쉬운 것만은 아니지만 남들보다 조금 더 일찍 시작하고 배우면서 노후를 지키려는 사람들이 많아지고 있습니다.

옛날에는 근처에 있는 사람들만 가게에 방문하여 물건을 살 수 있었지만 지방에 있는 사람들 해외에 있는 사람들도 이제는 온라인으로 상품을 구매할 수 있는 시대입니다. 여러분들만 해도 온라인 마켓의 소비자입니다. 많은 사람들이 자신이 없어서, 포토샵을 못해서 등등 이유를 대지만 몇몇 쇼핑몰만 벤치마킹해도, 유명한 카페를 찾아보거나 하물며 이 책만 보더라도 온라인 창업의 프로세스를 알 수 있습니다.

10년 동안 카페24 쇼핑몰 강사로 지내면서 처음에는 어려움을 겪었지만 회사를 다닐 때보다 더 성공한 분들을 많이 만났습니다.
여러분들이 그 주인공이 되실 수 있습니다.

박길현 드림

이 책의 특징

책에서 설명하는 내용에 대해 저자가 운영하는 유튜브 동영상 강좌를 보면서 추가적으로 학습할 수 있습니다.

스마트폰에 QR코드 앱을 설치한 후 카메라를 비추면 곧바로 관련된 유튜브 강좌로 연결됩니다.

❺ 제대로 처리되었는지 확인하기 위해 상단에 있는 [PC쇼핑몰 바로가기 🖥️] 버튼을 클릭하면 카테고리가 등록된 것을 볼 수 있습니다.

풍부한 쇼핑몰 디자인 예제를 중심으로 한 비주얼한 편집으로 초보자라도 쉽게 전체 구조를 이해하면서 학습할 수 있도록 하였습니다.

❶ 검색 조건을 설정합니다.
❷ [검색] 버튼을 클릭합니다.
❸ 송장 번호를 입력합니다.
❹ 배송 준비가 완료된 주문에 체크를 합니다.
❺ [배송중 처리] 버튼을 클릭합니다.

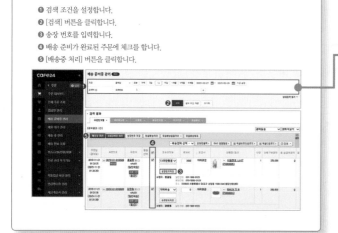

본문에서 설명하는 내용에 대해 예제 화면에서 넘버링으로 순서를 표시하여 작업을 어떤 순서로 진행해야 하는지 한눈에 파악할 수 있도록 하였습니다.

❽ 분류 삭제를 하려면 [선택된 분류 삭제] 버튼을 클릭하면 됩니다.

❾ 추가된 상품 분류의 '추천상품 영역' 체크박스를 체크하면 아래처럼 카테고리의 일반상품 진열 윗부분에 추천 상품으로 등록됩니다.

화면에 나타나는 내용에 대해 캡션을 달아 이해도를 높이고 쉽게 작업할 수 있도록 일목 요연하게 정돈해 놓았습니다.

오와이오 TIP

오 와 이 오 **TIP** 판매가 대체문구

재고에 상관없이 일시품절을 할 때 사용하는 기능으로, 판매가 대체 문구를 사용할 경우 상품 주문이 되지 않기 때문에 상품등록 시에는 체크를 하지 않습니다.

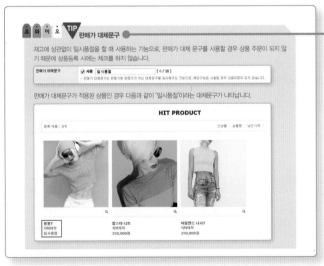

판매가 대체문구가 적용된 상품인 경우 다음과 같이 '일시품절'이라는 대체문구가 나타납니다.

오와이오 TIP

그동안 강의를 통해 수강생들로부터 가장 많은 질문을 받았던 내용들 및 저자만이 가지고 있는 다양한 노하우와 좀더 편리하게 접근하기 위한 정보를 제공하여 가려운 곳을 시원하게 긁어 줍니다.

알아두기

본문을 이해하는데 좀더 도움이 되는 내용들을 보충해 두었습니다. 본문과 함께 익혀두면 실전에서 많은 도움이 될 것입니다.

알 아 두 기 ....

● 설명 내용과 화면 위치가 다를 때

카페24에서는 역동적인 관리를 위해 주기적으로 홈페이지 디자인을 변경하고 있습니다. 그러나 디자인만 바뀌었을 뿐 메뉴 구조 자체는 바뀌는 것이 거의 없으므로 그때그때 화면을 참조하면서 응용하면 됩니다.

차 례

Step 5 : 스마트 디자인 Easy로 쇼핑몰 디자인 변경하기

Step 6 : 스마트 디자인으로 쇼핑몰 디자인 변경하기

Step 10 : 모바일 쇼핑몰 구축하기

| 부록 | 쇼핑몰 핵심 포토샵 강좌

01 : 왜 카페24 쇼핑몰 제작인가?

1. 쇼핑몰의 형태

쇼핑몰을 운영하려면 먼저 쇼핑몰 사이트를 구축해야 합니다. 사이트를 제작하는 방법에는 여러 가지가 있겠지만 크게 두 가지 형태로 분류할 수 있습니다. 바로 독립몰과 임대몰입니다.

독립몰

독립몰이란 독립적인 형태로 디자인과 퍼블리싱 및 프로그래밍을 통해 사이트를 직접 제작하는 것입니다. 원하는 대로 기능 개발이 가능하지만 비용이 비싸다는 단점이 있습니다.

임대몰

임대몰은 이미 몰의 형태가 갖춰져 있는 형태로 원하는 형식의 사이트를 선택한 후 디자인 수정과 코드 수정 등을 통해 자신의 입맛에 맞게 변형이 가능합니다. 임대몰은 초보자라도 사용하기 쉽고 비용이 저렴하여 개인 홈페이지 및 쇼핑몰에서 많이 쓰입니다. 카페24 쇼핑몰 역시 임대몰의 형태로 제공되고 있습니다.

2. 카페24 쇼핑몰 제작의 장점

무료 쇼핑몰 제작

카페24는 임대몰을 제공하는 업체 중 가입자 수가 가장 많은 대표적인 업체로 다양한 장점들이 있지만 가장 큰 장점은 무료로 사이트를 만들 수 있다는 것입니다. 사용 방법도 간단해 초보자도 손쉽게 사이트를 만들어 이용이 가능합니다.

다양한 쇼핑몰 디자인 제공

카페24의 디자인 센터에서는 다양한 쇼핑몰 디자인을 제공하고 있습니다. 따라서 언제든지 원하는 쇼핑몰 디자인을 부담없이 선택해서 운영하실 수 있습니다.

◆ 무료, 유료 디자인이 있습니다.

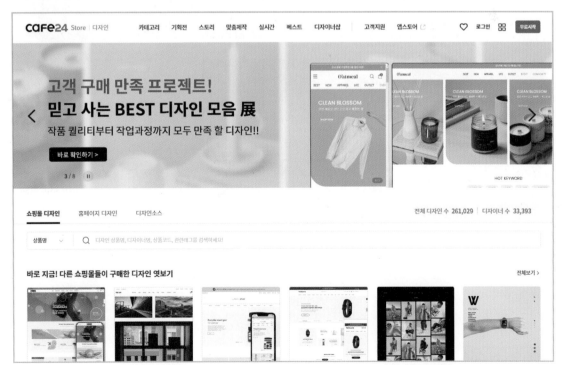

더 쉬워진 쇼핑몰 디자인과 상품 등록

새롭게 출시된 스마트 디자인 Easy로 디자인 변경이 쉬워졌고, 에디봇으로 상품등록이 쉬워졌습니다. 상품등록이 쉬워짐에 따라 그만큼 업무 시간도 줄어들었습니다.

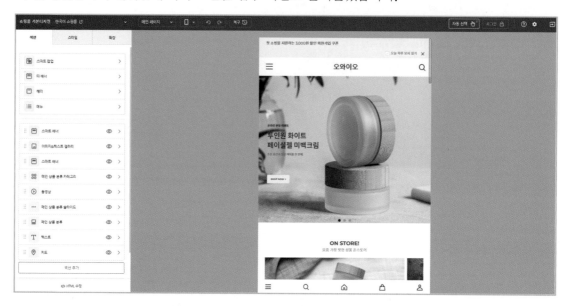

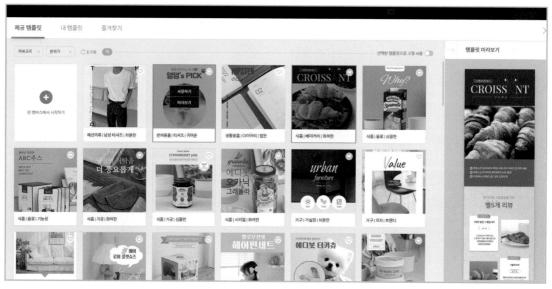

해외몰 제작 용이

카페24 쇼핑몰에서는 클릭 몇 번만으로 해외몰을 만들 수 있습니다. 원하는 나라의 언어와 화폐만 간단하게 설정해주면 됩니다.

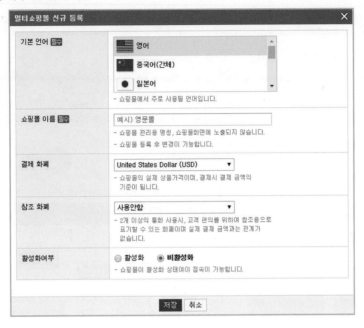

온라인/오프라인 다양한 교육 제공

쇼핑몰을 처음 시작하는 초보자 분들을 위해 카페24 교육센터에서 온라인 및 오프라인 교육을 제공하고 있습니다. 그래서 창업자 분들이 쇼핑몰 제작부터 상품등록 및 운영까지 손쉽게 할 수 있습니다.

자세한 사항은 저자가 운영하는 유튜브 채널 및 카페24 교육센터에서 보실 수 있습니다.

＊저자 유튜브 동영상 강의 : 유튜브 '길자쌤의 쇼핑몰스쿨' (https://www.youtube.com/user/TheOWHYO)

 길자쌤의 쇼핑몰스쿨
@owhyo

QR코드로 바로보기

* 카페24 교육센터 (https://edu.cafe24.com/)

3. 쇼핑몰 제작 전 무엇을 해야 할까?

사업자 등록

온라인 쇼핑몰은 사업자 등록증이 있어야 운영할 수 있습니다. 사업자 등록은 관할지역 세무서 또는 홈택스에서 하실 수 있습니다. 등록 시는 사업자 본인의 신분증과 사업장의 임대차 계약서가 필요합니다. 업종에 따른 인허가증, 사업신고필증, 자금출처소명자료(유흥업, 석유류도소매업) 등이 필요할 수도 있습니다.

통신판매업 신고

쇼핑몰을 운영하려면 통신판매업 신고를 해야 합니다. 구청 및 '정부24' 홈페이지에서 신청 가능합니다.

도메인 구입

도메인은 인터넷 상의 주소입니다. 처음 쇼핑몰을 제작하면 무료도메인 www.아이디.cafe24. com으로 되어있습니다. 일반적으로 유료 도메인인 .com이나 co.kr을 구매해서 사용합니다. 금액 은 1년에 22,000원 정도입니다.

◆ 도메인 연결방법은 39쪽을 참고하세요.

택배사 계약

상품을 배송하려면 택배사를 선택해야 합니다. 택배사는 전화해서 계약할 수 있으며 각각의 택 배 회사별로 월 배송건수에 따라 계약 조건이 다릅니다. 만약 쇼핑몰 초기라 계약을 하기 어렵다면 첫 번째 편의점 택배를 이용하는 방법이 있습니다. 두 번째는 온라인 창업자가 단체로 입주해 있는 사무실에 입주할 수 있습니다. 그런 곳은 택배를 보내는 분들이 많이 입주해 있기 때문에 큰 택배 사와 계약이 되어 있어서 보다 저렴한 택배비도 가능합니다.

SNS채널 운영

쇼핑몰을 노출하기 위해 검색 광고에만 의지하면 광고비를 많이 지출하게 됩니다. 광고도 해야 하지만 블로그 또는 인스타그램 등 SNS채널을 한 개라도 활성화시켜 놓는다면 좀 더 쇼핑몰을 운 영하는데 도움이 됩니다. SNS채널을 활성화하는 데에는 시간이 걸리기 때문에 미리 쇼핑몰을 만 들기 이전부터 운영하시는 것이 좋습니다.

02 : 10억을 벌고 싶다면?
쇼핑몰 기획부터 잘하라!

1. 경쟁업체의 쇼핑몰 벤치마킹

'지피지기(知彼知己)면 백전백승(百戰百勝)'이라고 쇼핑몰을 만들기 전에 먼저 경쟁 쇼핑몰에 대한 분석은 필수입니다.

모바일/PC 쇼핑몰 페이지 알아보기

기껏해야 몇 십 페이지만 있는 회사 홈페이지와는 다르게 대부분의 일반적인 쇼핑몰은 100개가 넘는 페이지가 존재합니다. 우리에게 익숙한 로그인, 회원가입, 상품상세 페이지부터 회원가입 결과, 비밀번호 찾기 성공/실패 같은 특정 목적의 페이지도 있습니다. 오른쪽 이미지처럼 회원관련 페이지만 해도 수가 엄청 많습니다.

이런 모든 페이지까지 모두 벤치마킹하기는 어렵지만 다른 사이트를 벤치마킹할 때에는 메인화면, 로그인, 회원가입, 상품분류, 상품상세, 마이페이지 등의 필수페이지는 꼭 모두 확인해 보는 것이 좋습니다.

▲ 카페24 쇼핑몰에디터의 회원페이지 부분

쇼핑몰 페이지의 요소 파악하기

타겟층을 정했다면 경쟁업체의 주요 페이지 쇼핑몰 요소를 파악합니다. 페이지에 어떤 버튼이 있고 어떤 요소와 배너들이 있는지 등을 분석하고 정리합니다.

	페이지명	요소	효과
운영관련페이지	메인	로고/상단메뉴: login join us mypage cart order guide bookmark delivery 메인이미지 배너: 이미지, 조인, 베스트 리뷰, 세일, 계좌 ,고객센터+오픈시간, 베스트 상품, Q&A,이벤트,공지사항/최근본 상품배너 상품 카테고리 검색창 신상품/베스트 상품-장바구니 바로담기 페이스북/트위터/블로그 버튼 즐겨찾기 배송조회 팝업창	메인이미지-플래시 또는 자바스크립트 상품 카테고리-롤오버 페이스북/블로그 퀵메뉴 배너
	상품분류(대분류)	상품진열: 가로 4 * 세로 10	
	상품상세	상품대분류명 상품대표이미지 (확대이미지:돋보기 버튼) 상품명 아이콘 상세정보: 가격,적립금,수량,컬러 (소비자가/요약정보/중량 등) buy버튼,add cart,wish list 쿠폰 상세이미지 상품설명 모델정보 관련상품 review/q&a게시판	

쇼핑몰 메뉴 트리 제작하기

경쟁사의 메뉴(카테고리), 게시판 메뉴 등을 조사한 뒤 분석합니다. 그리고 내 쇼핑몰의 메뉴를 기획합니다.

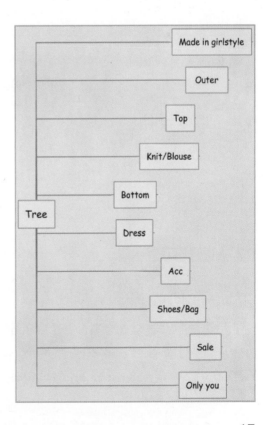

스토리보드

이렇게 쇼핑몰 기획한 것의 뼈대를 시각화한 것을 스토리보드라고 합니다. 디자인 이전에 빠진 요소는 없는지 잘 구성합니다. 무엇보다 요소의 중요도에 맞게 구성되고, 고객의 이동경로에 따라 편리하게 구성되는 것이 좋습니다. 물론 미리 설계된 쇼핑몰 디자인을 사셨을 경우 스토리보드 제작은 하지 않으셔도 됩니다.

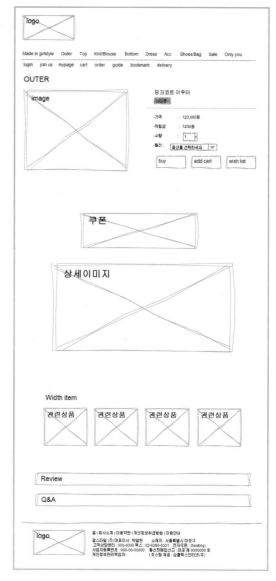

▲ 상품분류 스토리보드 예시

2. 쇼핑몰 디자인 기획

쇼핑몰 디자인 벤치마킹

내 타겟층에 맞는 쇼핑몰 디자인을 찾아봅니다. 같은 상품을 판매하는 경쟁업체의 쇼핑몰뿐만 아니라 다양한 쇼핑몰의 디자인을 벤치마킹합니다. 디자이너들의 포트폴리오가 올라오는 핀터레스트(https://www.pinterest.co.kr/)를 참고하면 좋습니다.

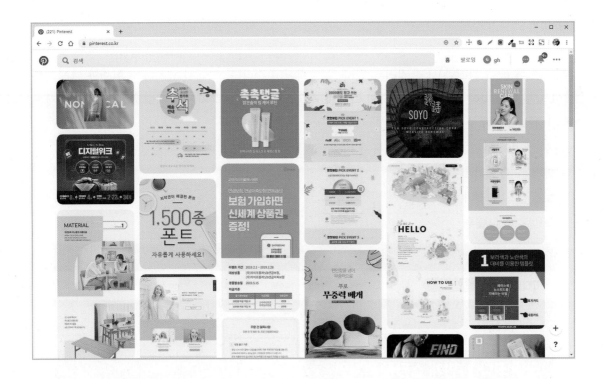

메뉴의 위치 살펴보기(상단, 좌측)

　일반적인 쇼핑몰을 살펴보면 메뉴의 위치가 상단에 있는 디자인과 좌측에 있는 디자인이 있습니다. 쇼핑몰 디자인을 수정할 때 이 부분을 바꾸는 것이 쉽지 않기 때문에 처음 선택이 중요합니다. 모바일 디자인도 가장 중요한 것이 메뉴이기 때문에 메뉴가 좌측에서 슬라이드 되는지 상단에 있는지 햄버거 메뉴(≡ 모양의 아이콘을 이용하여 클릭시 사이드 메뉴가 나타나도록 하는 기법)를 눌러서 열리는지 등 다양한 메뉴를 살펴보고 결정하는 것이 좋습니다. 개인적인 견해로는 메뉴는 글자 크기가 크고 잘 보이는 것이 좋다고 생각합니다.

▲ 상단 메뉴　　　　　　　　　　　　　▲ 좌측 메뉴

쇼핑몰 디자인 컬러

쇼핑몰 디자인 컬러는 메인 컬러 / 보조 컬러 / 포인트 컬러가 있는데요. 쇼핑몰의 경우 상품이 돋보이도록 메인 컬러와 보조 컬러는 튀지 않는 색이 좋습니다. 그래서 요즘에는 흰색과 그레이가 섞인 모노톤을 많이 사용합니다. 나의 타겟과 어울리는 다양한 디자인을 참고해서 쇼핑몰의 컬러를 선택하는 것이 좋습니다.

메인 컬러와 보조 컬러의 이해를 돕기 위해 예시로 카페24의 홈페이지를 보겠습니다.

- 메인 컬러 : 화이트
- 보조 컬러 : 그레이
- 포인트 컬러 : 블루

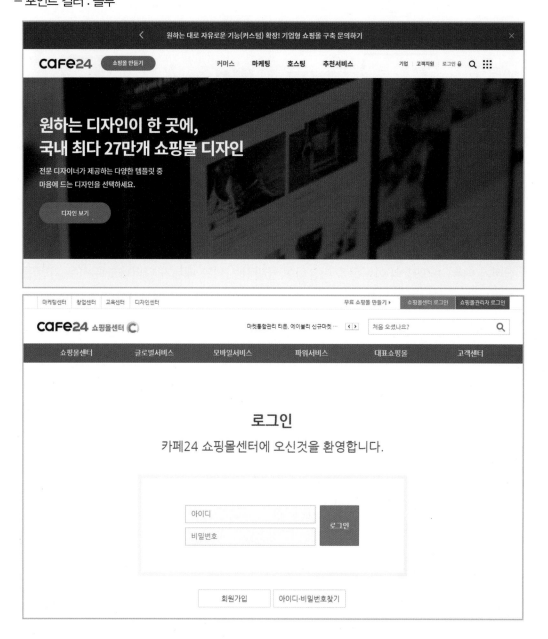

3. 상품 상세페이지 기획과 제작 방법

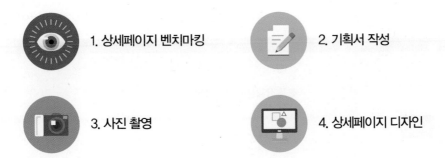

1. 상세페이지 벤치마킹
2. 기획서 작성
3. 사진 촬영
4. 상세페이지 디자인

상세페이지 벤치마킹

경쟁사의 상세페이지 구조를 파악합니다. 상세페이지는 시간이 지남에 따라서 구조가 조금씩 바뀌어 왔습니다. 최근 1위 업체들의 상세페이지를 분석하여 가장 구매전환이 많이 일어나는 상세페이지 구조를 아래와 같이 만들어 보았습니다.

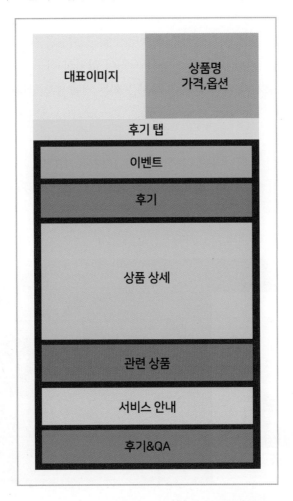

기획서 작성

벤치마킹한 것을 토대로 기획서를 작성합니다. 고객을 사로잡아 매출을 일으키는 타이틀과 내 상품만의 장점을 이용하여 전략적으로 글을 씁니다. 기획서는 한글, 워드로 작성하는 것이 좋습니다.

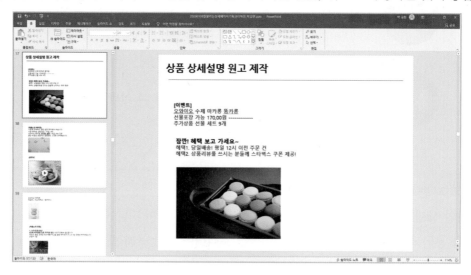

사진 촬영

보통 많은 쇼핑몰 창업자 분들은 기획서를 작성하지 않고 사진을 찍는 경우를 많이 봐왔습니다. 그러다보니 나중에 상세페이지를 만들 때 사용할 사진이 없어서 허둥지둥 대거나 재촬영하는 경우가 발생합니다. 따라서 기획서가 나온 다음에 사진을 찍는 것을 추천합니다.

상세페이지 디자인

기획서 작성과 사진 촬영이 끝났다면 상세페이지 디자인을 합니다. 직접 제작하는 방법과 디자인 업체에 의뢰하는 방법이 있습니다. 상세페이지를 제작하는 툴을 몇 가지 소개해 드리겠습니다.

❶ 포토샵(https://www.adobe.com/kr/)

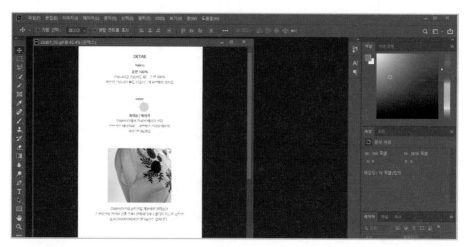

❷ 망고보드(https://www.mangoboard.net/)

디자인에 대한 경험이 부족하거나 포토샵 등을 잘 다루지 못하더라도 미리 만들어진 템플릿을 그대로 끌어다 쓸 수 있도록 제공하는 사이트로 망고보드와 미리캔버스 등이 있습니다.

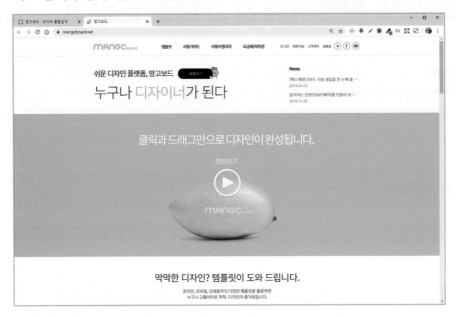

❸ 미리캔버스(https://www.miricanvas.com/)

03 : 카페24 회원가입과 쇼핑몰 만들기

카페24에 쇼핑몰을 만들기 위해 회원가입을 진행합니다. 회원가입을 하면 쇼핑몰이 바로 생성됩니다.

1. 카페24 회원 가입하기

❶ 카페24 홈페이지(https://www.cafe24.com/)에 들어가 주세요. 메인 화면에서 [쇼핑몰 만들기] 버튼을 클릭합니다.

알아두기 ·······································

● 설명 내용과 화면 위치가 다를 때

카페24에서는 역동적인 관리를 위해 주기적으로 홈페이지 디자인을 변경하고 있습니다. 그러나 디자인만 바뀌었을 뿐 메뉴 구조 자체는 바뀌는 것이 거의 없으므로 그때그때 화면을 참조하면서 응용하면 됩니다.

❷ [일반회원] 탭에서 개인 정보를 입력 후 휴대폰 번호 인증을 합니다.

◆ 사업자는 개인사업자 또는 법인/기관 탭을 클릭하고 가입을 진행합니다.

❸ 인증번호를 입력하고 [인증번호 확인] 버튼을 클릭합니다.

❹ 아이디와 비밀번호를 입력합니다. 약관 동의에 체크한 뒤 [가입하기] 버튼을 클릭합니다.

❺ 가입과 동시에 쇼핑몰이 만들어집니다.

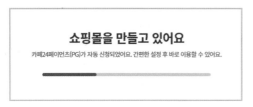

❻ 쇼핑몰 명을 입력하고 안내를 받을 메일 주소를 입력한 다음, [다음] 버튼을 클릭합니다.

❼ 카페24 쇼핑몰 관리자 페이지가 열렸습니다.

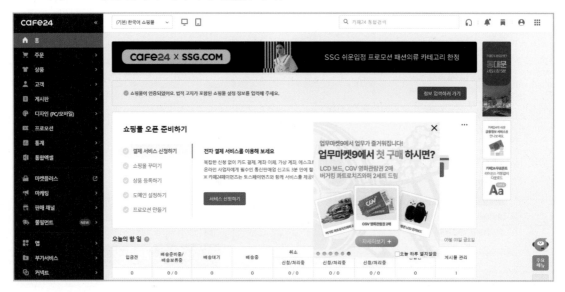

❽ 관리자 페이지 상단 부분의 [PC쇼핑몰 바로가기] 아이콘과 [모바일 쇼핑몰 바로가기] 아이콘을 클릭합니다.

❾ 생성된 내 쇼핑몰 화면이 열립니다.

알 아 두 기 ···

생성된 쇼핑몰 사이트의 기본 주소, 즉 도메인은 '내아이디.cafe24.com'입니다.
예를 들어 아이디가 'owhyoshop'이라면 쇼핑몰의 주소는 'owhyoshop.cafe24.com'가 됩니다.

◆ 유료 도메인 연결 방법은 41쪽에 있습니다.

2. 카페24 관리자 페이지 로그인하기

로그아웃 후에 다시 관리자 페이지에 접속하려면 어떻게 해야 할까요?

❶ 카페24 홈페이지 메인 화면에서 [로그인] 버튼을 클릭합니다.
❷ [쇼핑몰 관리자 로그인] 버튼을 클릭합니다.

❸ 아이디와 비밀번호를 입력합니다.
❹ [로그인] 버튼을 클릭합니다.

TIP 쇼핑몰 화면에서 쇼핑몰 관리자 기능 사용 여부

2019년 이전에 가입한 고객 분들은 에디봇 디자인이 아닌 스마트 디자인을 사용하고 계실 가능성이 높습니다. 스마트 디자인을 사용하실 경우 [PC쇼핑몰 바로가기 ⬚] 아이콘을 클릭하여 나타난 쇼핑몰 화면 상단에 '쇼핑몰 관리자 기능을 사용하시겠습니까?' 라는 항목에서 '사용함'을 체크하면 화면에서 바로 관리자 페이지 기능을 사용할 수 있습니다.

❶ 화면에 있는 [상품검색] 검색창 모듈에 마우스를 가져가면 박스가 활성화 되면서 메뉴가 나타납니다.
❷ [상품검색 설정]을 클릭합니다.

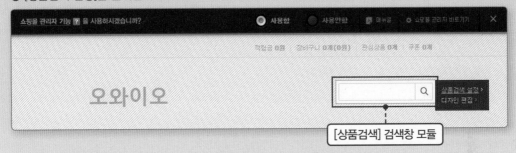

❸ 관리자 페이지의 [상품검색 설정] 창이 나타납니다.

예 '쇼핑몰 관리자 기능 사용함'을 체크했을 때

화면 좌측의 카테고리 메뉴에 마우스를 가져가면 관리자 메뉴가 나타납니다.

예 '쇼핑몰 관리자 기능 사용안함'을 체크했을 때

쇼핑몰의 미리보기 기능이 올바르게 작동하기 때문에 카테고리 메뉴에 마우스를 가져가면 관리자 메뉴가 나타나는 것이 아니라 대분류 메뉴에 롤오버가 되면서 중분류가 나타납니다.

이처럼 화면에서 쇼핑몰 관리자 기능 사용은 장단점이 있기 때문에 '사용함'과 '사용안함'을 필요에 맞게 체크해서 사용하는 것이 좋습니다.

04 : 내 쇼핑몰 상점 관리하기

1. 쇼핑몰 정보 입력하기

동영상 강의 보기	QR코드로 바로보기
https://youtu.be/kOXROok_9Hk	

처음 쇼핑몰을 생성하면 제일 먼저 할 일은 이용안내, 결제안내, 배송안내, 적립금 등의 기본적인 운영방식과 쇼핑몰의 기본정보 등 고객에게 필요한 정보를 설정하는 것입니다.

■ 메뉴위치 : 쇼핑몰 설정 > 기본 설정 > 내 쇼핑몰 정보

기본정보 설정
쇼핑몰의 이름과 관리자 정보, 도메인 정보 등의 기본 정보를 입력하거나 수정할 수 있습니다.

❶ 쇼핑몰 이름을 입력합니다.

❷ 관리자명을 입력합니다.

❸ 관리자 휴대전화 또는 관리자 이메일로 본인 인증을 받습니다.

❹ 2개 이상의 쇼핑몰을 운영하는 경우 [대표 도메인 변경] 버튼을 클릭하면 대표 도메인을 변경할 수 있습니다.

쇼핑몰 사업자/통신판매신고 정보 설정

실제 운영될 쇼핑몰 사업자 정보 및 대표 연락처를 입력할 수 있으며, 입력한 정보는 쇼핑몰 화면에 노출됩니다. 쇼핑몰을 운영하려면 세무서에 사업자 등록을 하여 사업자 번호를 받고 통신판매업 신고도 해야 합니다.

❶ 사업자 등록번호를 입력합니다.

❷ 상호를 입력합니다.

❸ 대표자 성명을 입력합니다.

❹ 업태와 종목을 입력합니다.

❺ 사업장 주소를 입력합니다.

❻ 대표전화, 팩스, 수신전용 이메일, 발신전용 이메일 주소, 쇼핑몰 주소를 입력합니다.

❼ 통신판매업 신고 유무를 선택합니다.

❽ 통신판매업 미신고 사유가 있는 경우 선택합니다.

< 노출 위치 >

이곳에서 지정한 내용들은 구축된 쇼핑몰 가장 하단에 노출되어 나타납니다.

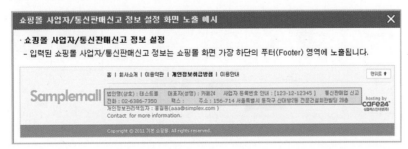

회사소개 설정

쇼핑몰의 회사소개 및 약도 정보를 입력할 수 있습니다. 아래 화면에서 직접 글자로 입력해도 되지만 회사 소개와 약도 등을 미리 이미지로 만들어 놓으면 보다 깔끔한 화면을 만들 수 있습니다. 별도 이미지로 만들어 놓은 경우는 다음과 같이 진행합니다.

❶ 회사소개에서 [더 많은 내용 삽입] 버튼을 클릭합니다. [이미지] 버튼을 클릭합니다.

❷ 이미지를 '드래그&드롭'하거나 점선 박스를 클릭합니다.

❸ 나타난 창에서 쇼핑몰에 올릴 회사소개 이미지 파일을 찾아 선택하고 [열기] 버튼을 클릭합니다.

❹ 회사소개 이미지가 적용되었습니다.

❺ 약도가 있는 경우 회사약도 부분에 동일한 방법으로 약도 이미지도 첨부합니다.

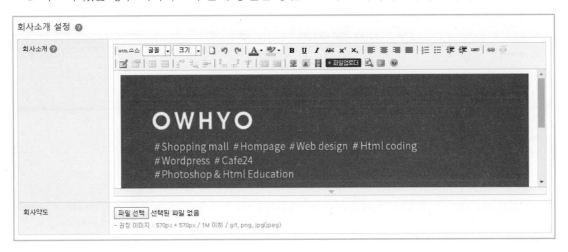

< 노출 위치 >

쇼핑몰 페이지로 찾아가서 하단의 [회사소개]를 클릭하면 회사소개 이미지가 적용된 것을 확인할 수 있습니다.

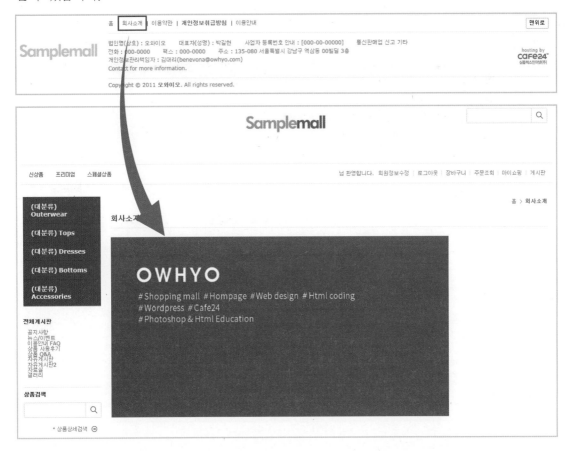

고객센터 정보안내 설정

쇼핑몰의 고객센터 정보를 입력할 수 있습니다.

고객센터정보안내 설정		
- 쇼핑몰의 고객센터 정보를 입력할 수 있으며, 입력한 정보는 쇼핑몰 화면에 노출됩니다. [쇼핑몰 화면 노출영역 확인]		
상담/주문 전화	❶	000-0000
상담/주문 이메일	❷	benevona@owhyo.com
팩스번호	❸	000-0000
SMS 수신번호	❹	
CS운영시간	❺	AM10:00 - PM 5:00 [17 / 255]

❶ **상담/주문 전화** : 상담받을 전화번호를 입력합니다.

❷ **상담/주문 이메일** : 상담받을 이메일 주소를 입력합니다.

❸ **팩스번호** : 팩스번호를 입력합니다.

❹ **SMS 수신번호** : SMS 수신번호를 입력합니다.

❺ 고객 서비스 시스템을 운영하는 경우 CS(Customer Satisfaction) 운영시간을 입력합니다.

< 노출 위치 >

입력한 정보는 쇼핑몰 화면의 고객센터 부분에 노출됩니다.

개인정보보호 책임자안내 설정

쇼핑몰의 개인정보보호 책임자에 대한 정보를 입력할 수 있습니다.

❶ 개인정보보호 책임자를 입력합니다.

❷ 책임자 연락처를 입력합니다.

❸ 책임자 이메일을 입력합니다.

< 노출 위치 >

쇼핑몰 페이지의 하단 회사정보 부분에 노출됩니다.

서비스 문의안내 설정

상품상세 페이지에 노출될 서비스 문의 안내를 입력할 수 있으며, 입력한 정보는 쇼핑몰 화면에
노출됩니다.

❶ 모바일 표시 여부를 선택합니다.

❷ 서비스 문의 안내 내용을 입력합니다.

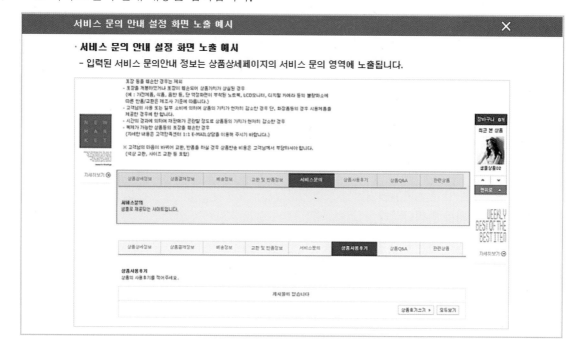

❸ 상점 정보를 모두 입력하였으면 [저장] 버튼을 클릭하여 완료합니다.

2. 도메인 연결하기

동영상 강의 보기	QR코드로 바로보기
https://youtu.be/P12gc0EQISg	

보유하고 있는 도메인을 연결할 수 있습니다.

■ 메뉴위치 : 쇼핑몰 설정 > 기본 설정 > 도메인 설정

─────────────────────────────

알 아 두 기

● 도메인이란?

실생활에서는 특정 위치를 구분하기 위해 주소라는 것을 사용하고 있으며 택배 등을 보낼 때에 해당 주소를 바탕으로 전달이 이루어지게 됩니다. 마찬가지 원리로 인터넷이란 전 세계의 컴퓨터끼리 연결된 네트워크 망이기 때문에 인터넷을 통해 특정 정보를 찾으려면 그 정보를 제공하고 있는 호스트 컴퓨터(host computer)의 위치를 알아야 하는데 그 위치를 확인할 수 있도록 도와주는 것이 인터넷 주소입니다.

이때 이러한 주소를 일반인들이 쉽게 기억할 수 있도록 영문으로 표기한 것을 도메인(domain)이라고 합니다. 예를 들어 청와대는 www.president.go.kr, 네이버는 www.naver.com, 서울대학교는 www.snu.ac.kr 등으로 도메인이 붙여져 있습니다.

카페24에서 쇼핑몰을 구축하면 자동으로 다음과 같은 형태로 도메인이 부여된다고 설명하였습니다.

내 아이디.cafe24.com

따라서 아이디가 owhyo라면 owhyo.cafe.com이라는 인터넷 주소를 가지게 됩니다. 그런데 쇼핑몰을 구축하고 대외에 홍보하려면 자신만의 색깔을 가진 도메인을 만들어 사용하는 것이 좋습니다. 도메인 종류는 매우 많은데 일반적으로 기업인 경우에는 다음과 같은 주소를 많이 이용하고 있습니다(아이디가 owhyo인 경우).

www.owhyo.co.kr   대한민국에서 상업적인 목적으로 사용
www.owhyo.com   상업적인 목적으로 사용
www.owhyo.kr   대한민국에서 사용

어느 것을 선택하든 특별한 차이점은 없으므로 각자 목적에 따라 이름을 정하면 됩니다.

도메인 연결하기

❶ 보유 도메인 [연결하기] 버튼을 클릭합니다.

❷ 보유 도메인 직접 입력 : 구입한 도메인이 있는 경우 연결 도메인을 직접 입력합니다. [추가] 버튼을 클릭합니다.

서브 도메인이란?

대표 도메인 앞에 원하는 문자를 붙여서 목적에 맞게 쓰고자 할 때 쓰입니다.
예 blog.naver.com

도메인 구매하기

❶ 도메인은 대외적으로 쇼핑몰을 대표하는 이름이므로 신중하게 만드는 것이 좋습니다. 도메인 이름이 결정
되면 다른 사람이 사용하고 있지는 않은지 조사부터 해야 합니다. 카페24 메인 화면에서 [호스팅 → 도메
인]을 선택하고 [도메인 등록] 버튼을 클릭합니다.

❷ 원하는 도메인을 입력하고 주요 도메인을 체크한 다음, [도메인 검색]을 클릭합니다.
❸ 사용 가능한 도메인들이 표시됩니다. 원하는 도메인을 체크합니다.
❹ [도메인 신청하기] 버튼을 클릭하고 결제합니다.

도메인 네임서버 설정하기

네임서버(Domain Name Server, DNS)란 쉽게 말해 도메인을 연결해주는 컴퓨터라고 생각하면 됩니다.

❶ 카페24에서 등록한 도메인 : 기본적으로 카페24 네임서버로 설정되어 있습니다. 연결 후 30분이 지나면 자동으로 적용됩니다.

❷ 타사에서 등록한 도메인 : 도메인을 등록한 기관에서 네임서버를 카페24로 변경해 주어야 합니다. 네임서버 변경 후 카페24 네임서버에서 서비스되기까지 약 24~48시간의 적용시간이 소요됩니다.

❸ 카페24 네임서버 보는 법 : [도메인 설정]에서 [도메인 관리] 버튼을 클릭합니다. [카페24 네임서버 보기] 버튼을 클릭합니다.

3. 이용약관 설정하기

쇼핑몰 이용약관, 개인정보 취급방침, 청약철회방침 사용자동의 설정 등의 내용을 입력합니다.

■ 메뉴위치 : 쇼핑몰 설정 > 기본 설정 > 이용약관 설정

쇼핑몰 이용약관 안내

- Cafe24 쇼핑몰 솔루션에서는 공정거래위원회의 표준약관을 제공합니다.
- 따라서 쇼핑몰에서 적용하려는 약관에 대한 법률 자문이나 법적 검토가 이루어지지 않은 상태라면, 공정거래위원회의 표준약관을 수정없이 사용해야 합니다.
- 공정거래위원회 약관을 사용하지 않거나 수정한 경우에는 공정거래위원회 표준약관 로고를 사용하면 안됩니다.

개인정보 취급방침 안내

- Cafe24 쇼핑몰 솔루션에서는 개인정보에 대한 공정거래위원회의 표준약관을 제공합니다.
- 반드시 '개인정보 취급방침' 문구 그대로 사용해야 하고 한글 이외 사용도 불가합니다.
  (예 영문표시, 영문한글 혼용 사용불가)
- 개인정보 취급방침 중 [수집하는 개인정보 항목] [개인정보의 수집 및 이용목적] [개인정보 보유 및 이용기간] 부분만을 복사하여 붙여 넣어주면 됩니다.
  정보통신망이용촉진 및 정보보호 등에 관한 법률 제31조 제1항에 의해 모든 쇼핑몰의 회원가입시, 만14세 미만의 고객인 경우에는 전산자동으로 회원가입이 되지 않습니다. 유의하기 바랍니다. 만14세 미만의 회원을 받을 경우에는 법률에 정하고 있는 법정대리인 정보를 서면으

로 받은 후에 수기 등록/관리를 해야 합니다. 이 규정을 지키지 않는 경우에는 동법 제67조 제1항 제19호에 의거 500만원 이하의 과태료가 부과됩니다.

청약철회방침 사용자 동의설정 안내

- 청약철회방침 사용자 동의 필수 사용을 체크하면, 주문 시 반드시 청약철회 방침에 동의를 해야만 주문이 가능합니다.
- 청약철회 방침을 사용하려면 주문서 작성 페이지의 디자인을 수정해야 합니다.
- 청약철회불가 방침을 수정하려면 반드시 정보통신법에서 제정하고 있는 본래 규정을 확인하기 바랍니다. 만약 근거 없이 해당 청약철회 방침을 수정하여 분쟁이 발생할 경우 쇼핑몰에 문제가 발생할 수 있습니다.

4. 배송안내, 교환 환불안내 등 설정하기

회원가입 안내, 주문 안내, 결제 안내, 배송 안내, 교환 안내, 환불 안내, 적립금 및 포인트 안내, 배송정보 제공방침 안내를 입력할 수 있습니다.

■ 메뉴위치 : 쇼핑몰 설정 > 기본 설정 > 기타 이용 안내 설정

처음 쇼핑몰을 만든 후 쇼핑몰 이용안내 페이지에 표시된 내용은 카페24에서 쇼핑몰 운영에 도움을 주고자 샘플로 제공되는 서식이므로 쇼핑몰 운영 형태에 따른 수정이 필요합니다.
이 부분은 상품 상세 페이지의 하단 정보제공에도 노출이 되고 직접 텍스트를 입력해도 되지만 FTP 버튼을 이용하여 제작한 이미지 등록도 가능합니다.

5. 쇼핑몰 운영방식 설정하기

회원, 비회원 가격표시 제한하기

회원, 비회원 또는 모두에게 가격을 표시하는 방법을 조정합니다.

■ 메뉴위치 : 쇼핑몰 설정 > 상품 설정 > 상품 관련 설정

❶ [상품 관련 설정] 탭을 클릭합니다.

❷ 회원/비회원 가격표시 여부를 선택합니다.

– '모두 표시함'을 체크할 경우 회원, 비회원 상관없이 가격이 노출됩니다.

– '회원만 표시함'을 체크할 경우 회원에게만 가격이 노출됩니다.

❸ 작업이 완료되면 [저장] 버튼을 클릭합니다.

상품 대표이미지 추천, New 아이콘 삭제하기

쇼핑몰 상품 대표이미지 아래에 자동으로 노출되는 추천, New 아이콘을 삭제합니다.

■ 메뉴위치 : 쇼핑몰 설정 > 상품 설정 > 상품 관련 설정

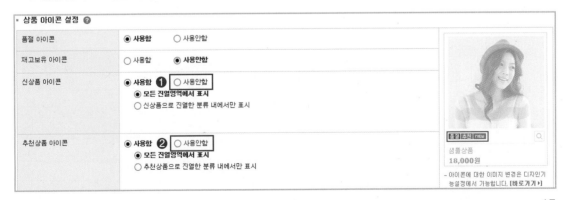

❶ '신상품 아이콘'을 '사용안함'으로 체크합니다.

❷ '추천상품 아이콘'을 '사용안함'으로 체크합니다.

❸ [저장] 버튼을 클릭합니다.

6. 본인인증 서비스 설정하기

고객이 회원가입, 성인인증 등 본인확인이 필요한 단계에서 '주민등록번호'를 활용하는 실명인증 서비스 대신 아이핀 인증과 휴대폰 인증을 신청하여 사용할 수 있습니다.

■ 메뉴위치 : 쇼핑몰 설정 > 고객 설정 > 본인인증 서비스 설정

❶ 원하는 인증수단의 [신청하기] 버튼을 클릭합니다.

❷ 서비스 신청정보를 입력합니다.

❸ [결제] 버튼을 클릭합니다.

서비스 신청 및 이용요금 결제

7. 적립금 설정하기

동영상 강의 보기	QR코드로 바로보기
https://youtu.be/qTfQHUavbFQ	

고객에게 지급하는 기본 적립금 방식을 설정합니다.

■ 메뉴위치 : 쇼핑몰 설정 > 고객 설정 > 적립금 설정

기본 적립금 설정하기

회원가입 시 기본으로 적립되는 적립금을 설정할 수 있습니다.

❶ 적립금 지급 시점을 설정합니다.

❷ 적립금 표시 방식을 입력합니다.

❸ 적립금이 표시되는 영역에 설정한 포맷 방식으로 노출할 수 있습니다.

❹ 상품 구매시 적립금 지급 비율 설정에서 기본 설정 적립금 비율을 체크합니다.

❺ 적립금으로 지급할 상품값의 %를 입력합니다.

신규회원 가입 적립금 설정하기

회원가입시 지급되는 적립금을 설정할 수 있습니다.

회원가입 적립금 설정 ❓ 필수	신규 회원 가입 시 [0] 원 적립

신규 회원 가입 시 지급할 적립금을 입력합니다.

'0'원으로 설정하면 회원가입시 적립금이 지급되지 않습니다.

적립금 제한 설정하기

상품 구매액 및, 최소 누적 적립금 설정을 할 수 있습니다.

❶ 고객이 얼마 이상 구매시 적립금을 사용할 수 있는지 입력합니다.

❷ 적립금이 얼마 이상이어야 적립금을 사용할 수 있는지 입력합니다.

8. 상품검색 키워드 설정하기

상품검색 키워드 설정 기능은 쇼핑몰 상단의 상품 검색 영역에 홍보 문구를 적용하여 쇼핑몰 고객들에게 쇼핑몰에서 일어나는 여러 가지 이벤트를 프로모션 할 수 있는 기능입니다.

■ 메뉴위치 : 쇼핑몰 설정 > 상품 설정 > 상품검색 설정

❶ 인기검색어 : 검색창 하단에 노출할 인기검색어를 입력합니다.

❷ 상품 검색영역 홍보문구 설정을 '사용함'으로 선택합니다.

❸ 랜덤표시 : 페이지를 이동하거나 새로고침 하면 홍보 문구가 랜덤으로 출력됩니다.

❹ 등록 순 표시 : 페이지를 이동하거나 새로고침 하면 홍보 문구가 등록 순서대로 출력됩니다.

❺ 왼쪽 영역은 홍보문구/추천 검색어를 입력합니다. 오른쪽 영역은 왼쪽 영역의 텍스트가 상품 검색 영역에 노출되었을 때 [검색] 버튼을 클릭하면 이동할 링크를 설정하는 영역입니다.

❻ [연결 페이지 설정]을 클릭하면 연결 페이지 메뉴가 나타납니다. 원하는 연결 페이지를 선택합니다.

• **상품분류** : 특정 상품분류로 연결하고자 할 때 선택합니다.
• **개별상품** : 특정 상품 상세페이지로 연결하고자 할 때 선택합니다.
• **키워드 검색 결과** : 키워드 검색 결과 페이지로 연결하고자 할 때 선택합니다.
• **URL 직접 설정** : 특정 URL로 연결하고자 할 때 선택합니다.

❼ [+], [−] 버튼으로 검색어를 추가할 수 있습니다.
❽ [저장] 버튼을 클릭합니다.

❾ 상단에 있는 [PC쇼핑몰 바로가기 🖥️] 버튼을 클릭하면 검색창에 키워드가 노출되어 나타납니다. [돋보기] 모양을 클릭하면 연결한 url로 이동합니다.

9. 쇼핑몰 검색엔진 최적화 설정하기

동영상 강의 보기	QR코드로 바로보기

https://youtu.be/RN0WjYCSlb4

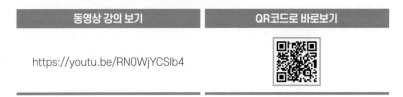

쇼핑몰 SEO 설정을 통해 검색 엔진에서 내 쇼핑몰을 최적화 합니다. 최적화를 해놓으면 검색률을 높이고 고객들의 접근성을 높일 수 있습니다.

■ 메뉴위치 : 쇼핑몰 설정 > 기본 설정 > 검색엔진 최적화(SEO)

쇼핑몰 타이틀 변경하기
❶ 타이틀 Title : 쇼핑몰 소개 문구를 입력합니다.
❷ 작성이 완료되면 하단의 [저장] 버튼을 클릭합니다.

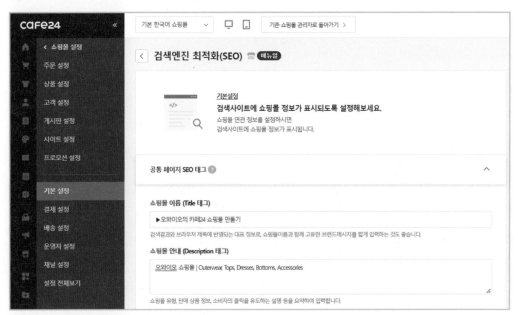

❸ 상단에 있는 [PC쇼핑몰 바로가기 ] 아이콘 버튼을 클릭하면 브라우저 상단 출력 문구가 쇼핑몰 기본 이름에서 '▶오와이오의 카페24 쇼핑몰 만들기'로 변경된 것을 확인할 수 있습니다.

메타태그 입력하기

메타태그란 웹사이트의 정보를 담고있는 HTML 태그로 〈HEAD〉와 〈/HEAD〉 태그 사이에 위치하며 해당 웹페이지의 정보를 함축적인 키워드로 표시하는 곳입니다. 많은 검색엔진들이 인덱스를 만들 때 이 정보를 이용하기 때문에 잘만 활용하면 상위 노출이 좀더 쉽게 이루어질 수도 있습니다.

· 메타태그(Description) : 검색엔진의 검색결과에서 페이지의 요약 내용을 보여주는 부분입니다.

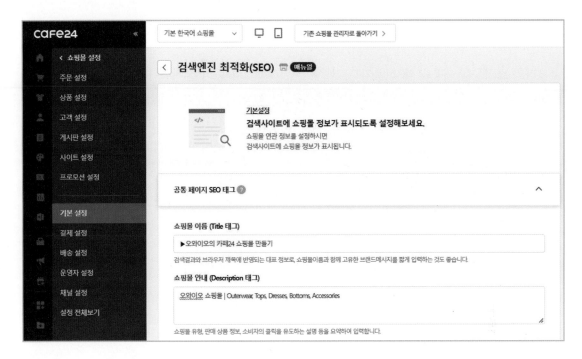

◆ 일부 태그들은 아래 예시 화면과 같이 검색엔진 사이트의 검색결과 화면에 직접적으로 표시됩니다.

10. 결제 관리하기

온라인 쇼핑몰을 이용할 때 신용카드, 계좌이체, 가상계좌 등의 결제수단을 통한 상품 금액을 지불하는 수단을 설정합니다. 카페24에서 신용카드 결제, 실시간 계좌이체와 같은 결제수단을 이용하려면 반드시 카드/계좌이체 서비스(Payment Gateway)를 신청해야 합니다. 카페24에서 한 번에 카드결제/계좌이체/에스크로를 신청할 수 있습니다. 카페24 페이먼츠(PG)를 신청하면 무료로 PG 신청을 진행할 수 있으며, 바로 카드 결제 서비스를 이용하실 수 있습니다.

카페24 페이먼츠(PG) 신청하기

■ 메뉴위치 : 부가서비스 > 카페24 페이먼츠(PG) > 서비스 소개

❶ 부가서비스 메뉴에서 카페24 페이먼츠(PG)의 서비스 소개를 클릭합니다.
❷ [서비스 신청] 버튼을 클릭합니다.

❸ 카페24 페이먼츠의 서비스 이용 안내, 신청절차, 수수료 안내가 나옵니다.

서비스 이용 안내

	카페24페이먼츠	카페24페이	위챗페이
결제 서비스	신용카드 (카페24 제공) 계좌 이체, 가상 계좌, 에스크로 (제휴PG사 제공)	간편 결제 (신용카드)	간편 결제 (위챗페이)
모바일 지원	O	O	O
부분 취소	O	O	O
현금영수증	지원함		
보증보험	면제 (월 정산 한도 1,000만원 까지 면제) ❓	면제 (월 승인 한도 1,500만원까지 면제)	
복합과세	과세만 제공		
크로스 브라우징	결제 가능 수단 : 신용/체크 카드, 계좌 이체, 가상 계좌, 에스크로, 위챗페이 결제 가능 브라우저 : IE8 이상, 크롬, 파이어폭스, 사파리, 오페라 브라우저에서 결제 가능 (windows 사용자에 한하여 리눅스/mac os 사용자는 사용 불가)		
정산 주기	D+5일 정산 (영업일 기준)	월 정산 (익월 20일 정산) ※ 20일이 공휴일인 경우 익영 업일에 지급	
불가업종	카페24페이먼츠/카페24페이 불가 업종 확인 ❓	위챗페이 불가 업종 확인 ↗	

카페24페이먼츠 신청절차

Step 1 바로오픈	Step 2 정보입력/서류제출	Step 3 심사진행	Step 4 승인완료
- 카드 결제 (바로 이용 가능)	- 회사정보, 판매자정보 입력 및 서류 업로드 진행	- 최대 3일 소요	- 계좌 이체, 가상 계좌, 에스크로 이용 가능 - 정산내역 조회 가능

카페24페이/위챗페이 신청절차

Step 1 신청	Step 2 정보입력/서류제출	Step 3 심사진행	Step 4 승인완료
- 카페24페이먼츠 또는 PG사를 이용 중인 경우에만 사용가능	- 카페24페이 바로 이용가능 (위 챗페이는 심사 완료 이후 이용 가능)	- 3일~7일 소요	- 정산내역 조회 가능

수수료 안내

결제 서비스	구분	수수료 (VAT별도)
카페24페이먼츠 ※ 계좌 이체/가상 계좌/ 에스크로는 제휴PG사를 통해 제공	카드 결제	2.0~3.5% (연 매출액 구간별 영중소 수수료 차등) 자세히 보기 ↗
	계좌 이체	1.8% (최저 200원)
	가상 계좌	건별 300원
	에스크로 (계좌 이체/가상 계좌) ❓	수수료 없음
카페24페이	카드 간편결제	2.0~3.5% (연 매출액 구간별 영중소 수수료 차등) 자세히 보기 ↗
위챗페이	위챗페이	2.5% (VAT별도)

❹ 하단에 있는 [서비스 신청] 버튼을 클릭하고 [신청 완료하기] 버튼을 클릭합니다.

❺ 기본 정보, 추가 정보, 정산 계좌를 입력합니다.

기본 정보

ⓘ 가입 시 등록한 사업자 정보와 일치하는지 확인해 주세요. 사업자 정보 변경은 1:1 고객센터로 문의해 주세요.

사업자등록번호 (또는 고유번호)	2082497589
사업자 구분	개인 사업자
상호(법인)명	오와이오
사업장 주소(본점)	주소검색
	서울특별시 강남구 역삼로 / 406
대표자 성명(한글)	박길현
대표자 휴대폰 번호	01052637529
대표자 이메일	rlfcjstm@naver.com

추가 정보

대표자 성명(영문)	예) Hong Gil Dong
개업 연월일	yyyy-mm-dd
업종	선택해 주세요 / 업종검색

정산 계좌 (대표자 명의)

ⓘ 가입 시 등록한 대표자 혹은 법인 명의와 동일한 이름으로 개설된 은행 계좌로 입력해 주세요.

은행	선택해 주세요 ∨
계좌번호	- 없이 숫자만 입력
예금주	박길현
대표자 생년월일	850921

☐ [필수] 거래대금 입금계좌 제공에 동의합니다.

❻ [다음] 버튼을 클릭합니다.

다음

❼ [자금세탁방지법 확인]을 진행합니다.

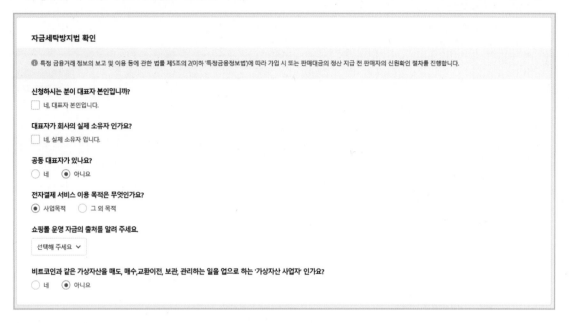

자금세탁방지법 확인

ⓘ 특정 금융거래 정보의 보고 및 이용 등에 관한 법률 제5조의 2(이하 '특정금융정보법')에 따라 가입 시 또는 판매대금의 정산 지급 전 판매자의 신원확인 절차를 진행합니다.

신청하시는 분이 대표자 본인입니까?
☐ 네, 대표자 본인입니다.

대표자가 회사의 실제 소유자 인가요?
☐ 네, 실제 소유자 입니다.

공동 대표자가 있나요?
○ 네   ◉ 아니요

전자결제 서비스 이용 목적은 무엇인가요?
◉ 사업목적   ○ 그 외 목적

쇼핑몰 운영 자금의 출처를 알려 주세요.
[선택해 주세요 ∨]

비트코인과 같은 가상자산을 매도, 매수,교환이전, 보관, 관리하는 일을 업으로 하는 '가상자산 사업자' 인가요?
○ 네   ◉ 아니요

❽ 고객 확인 서약에 체크한 다음, [다음] 버튼을 클릭합니다.

고객확인 서약

☐ **허위 또는 오류가 없이 답변했습니다.**
질문에 답변한 사람은 대표자 본인이며, 실제 대표자인 외에 경영을 맡고 있거나, 금융 거래를 통해 혜택을 얻는 다른 사람이 없습니다. 허위 정보가 확인될 경우, 심사가 거절될 수 있음을 숙지했습니다.

[이전]   [다음]

❾ 필수 서류를 업로드 합니다.

필수 서류 업로드 ⓘ

대표자 신분증
[마스킹 없이 제출해 주세요. (주민등록증 또는 운전면허증)]   최대 2개 파일, 8MB까지 첨부   [파일 추가]
• 공동 대표자의 경우 대표자 2인의 신분증을 모두 제출
• 외국인 대표자는 '여권, 외국인등록증(앞/뒤), 영주증, 외국국적동포 거소신고증(앞/뒤)' 중 1개 선택 제출

사업자등록증 사본
[마스킹 없이 제출해 주세요. (최근 1년 이내 발급)]   최대 2개 파일, 8MB까지 첨부   [파일 추가]
• 세무서 또는 홈택스에서 발급 가능 바로가기 ☐

☐ 업로드한 서류들을 서류 보관함에 저장할게요. (다시 업로드할 필요 없이 꼭 필요한 곳에 바로 사용할 수 있어요.) ⓘ

❿ 약관 동의에 체크한 다음, [신청하기] 버튼을 클릭합니다.

⓫ 카페24 페이먼츠 신청을 완료하였습니다. 등록된 상품이 없다면 [상품 등록하기] 버튼을 클릭해서 상품을 등록합니다. 상품이 최소 1개 이상 등록이 되어 있어야 합니다.

⓬ [이용현황 바로가기]를 클릭하면 PG 이용현황을 확인할 수 있습니다. 바로 오픈은 이용 가능, 계약 상태는 심사 중으로 나타납니다. 심사는 최대 3일까지 소요됩니다.

TIP 서비스 유의사항

- 카페24 페이먼츠를 통해 카드결제, 계좌이체, 가상계좌, 에스크로, 간편결제, 해외결제의 서비스를 이용할 수 있습니다.
- 간편결제와 해외결제 서비스는 카페24 페이먼츠 또는 PG사를 이용 중인 경우에만 신청할 수 있습니다.
- 카페24 페이먼츠는 신청 시 바로 사용할 수 있으며 계좌이체, 가상계좌, 에스크로는 심사가 완료되어야 사용할 수 있습니다.
- 카페24 페이먼츠는 서류 제출 후 심사가 완료되어야 판매대금을 정산받을 수 있습니다.
- 카페24 페이는 신청 완료 시 바로 사용할 수 있으며, 심사가 완료되어야 정산받을 수 있습니다.
- 카제 수단의 표시 설정은 [쇼핑몰 설정 〉 결제 설정 〉 결제방식 설정]에서 할 수 있습니다.
  위챗페이는 심사가 완료되면 사용할 수 있습니다.

통합결제 PG 신청하기

■ 메뉴위치 : 부가서비스 > 기본 운영 서비스 > 카페24 페이먼츠(PG)

❶ 통합결제(PG)를 클릭합니다.

❷ [일반 PG] 탭을 선택합니다. 다양한 결제수단을 실속형으로 묶음 신청할 수 있습니다. 결제패키지 신청 시 가입비 할인 혜택이 제공됩니다.

❸ 신청 정보를 입력합니다.

❹ [신청서 작성완료] 버튼을 클릭합니다.

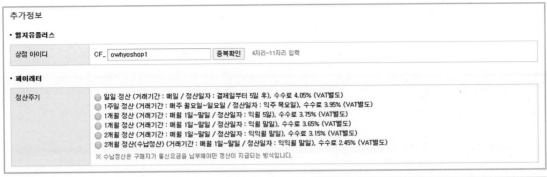

추가정보

• 엘지유플러스

상점 아이디	CF_ owhyoshop1 　　　　中복확인　4자리~11자리 입력

• 페이레터

정산주기	○ 일일 정산 (거래기간 : 매일 / 정산일자 : 결제일부터 5일 후), 수수료 4.05% (VAT별도) ○ 1주일 정산 (거래기간 : 매주 월요일~일요일 / 정산일자 : 익주 목요일), 수수료 3.95% (VAT별도) ○ 1개월 정산 (거래기간 : 매월 1일~말일 / 정산일자 : 익월 5일), 수수료 3.75% (VAT별도) ○ 1개월 정산 (거래기간 : 매월 1일~말일 / 정산일자 : 익월 말일), 수수료 3.65% (VAT별도) ○ 2개월 정산 (거래기간 : 매월 1일~말일 / 정산일자 : 익익월 말일), 수수료 3.15% (VAT별도) ○ 2개월 정산(수납정산) (거래기간 : 매월 1일~말일 / 정산일자 : 익익월 말일), 수수료 2.45% (VAT별도) ※ 수납정산은 구매자가 통신요금을 납부해야만 정산이 지급되는 방식입니다.

결제서비스 계약 및 약관 동의

이용계약서(필수)	개인정보 처리 위탁 안내(필수)	개인정보 수집 및 이용에 대한 안내(필수)
LG유플러스 전자결제서비스 이용약관 제 1장 [총 칙] ☐ 이용 계약서 동의 :: 페이레터 결제서비스 이용약관 :: 본 계약은 "가맹점"이 상품 및 서비스를 "가맹점"의 고객에게 판매 시 "회사"가 제공하는 "페이레터 결제대행 서비스"을 이용하여 승인, 매입 및 수납, 정산서비스를 수행하는데 필요한 제반 사항을 규정함에 있다. ☐ 이용 계약서 동의	처리위탁을 받는 자 : 주식회사 LG유플러스 위탁업무의 내용 : PG서비스 제공 ☐ 개인정보 처리 위탁 안내 동의 처리위탁을 받는 자 : (주)페이레터 위탁업무의 내용 : PG서비스 제공 ☐ 개인정보 처리 위탁 안내 동의	- 수집하는 개인정보의 항목: 쇼핑몰정보(대표자명, 전화번호,팩스번호, 주소), 정산담당자 정보(이름, 전화번호, 핸드폰번호,이메일주소, 결제은행, 예금주, 계좌번호) - 개인정보의 수집 및 이용 목적 : 서비스 제공에 관한 계약 이행 및 요금 정산, 본인확인, 민원처리, 고지사항 ☐ 개인정보 수집 및 이용에 대한 안내 동의

☐ **이용 계약서, 개인정보 처리 위탁 안내, 개인정보 수집 및 이용에 대한 안내에 모두 동의합니다.**

[이전]　[다음]

❺ 신청서를 확인하고 가입비를 납부합니다.

바로 오픈 PG와 일반 PG 서비스 신청절차

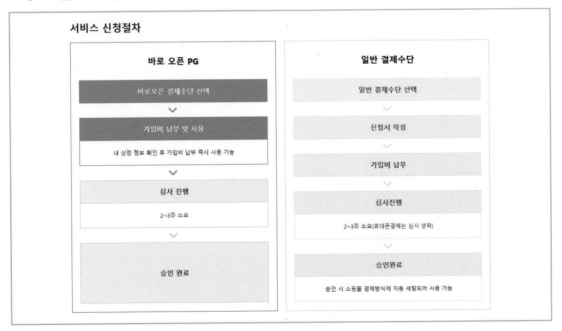

PG사 신청 시 주의사항

- 바로 오픈 PG는 일반 PG 서비스와 달리 별도의 신청서 작성이 필요 없으며, 가입비 납부와 동시에 사용할 수 있습니다.
- 서류 제출 후 심사가 진행되며, 심사 완료 시 결제 건에 대해 정산됩니다.
- 바로 오픈 PG 서비스 신청 전 [상점관리 〉 기본정보관리 〉 내쇼핑몰 정보]에서 기본 정보 및 쇼핑몰 사업자 정보를 입력해야 합니다.
- 바로 오픈 PG는 비사업자도 신청할 수 있으나 현금영수증, 세금계산서 발행이 불가합니다.
  단, 지속적으로 상품을 판매할 경우 사업자 등록 및 통신판매신고를 해야 합니다.
- 심사진행 전 아래 조건을 반드시 확인하시기 바랍니다. 아래 조건을 만족하지 않았거나, 쇼핑몰에 테스트 상품이 등록되어 있는 경우에는 심사에서 탈락될 수 있습니다.

❶ 쇼핑몰에 1~3개 이상의 상품을 등록 · 진열해야 합니다.

❷ 쇼핑몰 하단(Footer)에 '쇼핑몰정보, 이용약관, 개인정보제공방침'이 등록되어야 합니다.
  (상점관리 〉 기본정보관리 〉 내쇼핑몰 정보 / 이용약관 설정 / 개인정보제공 설정 정보를 모두 입력하세요.)
  심사진행시 필요서류는 반드시 결제서비스 제공사(PG사)에 제출되어야 하며, 필요서류는 제공사별로 상이할 수 있습니다.

에스크로(escrow)란?

구매자와 판매자 간 신용관계가 불확실할 때 제3자가 상거래가 원활히 이루어질 수 있도록 중계를 하는 매매 보호 서비스입니다. 거래대금을 제3자에게 맡긴 뒤 물품 배송을 확인하고 판매자에게 지불하는 제도로 사용되고 있습니다. 즉 소비자가 물건 값을 은행 등 공신력 있는 제3자에게 보관했다가, 배송이 정상적으로 완료되면 은행에서 판매자 계좌로 입금하는 것입니다. 물품을 받지 못했거나 반품할 경우에는 금융기관이 즉시 환불해 주기 때문에 인터넷 쇼핑몰을 통한 사기 피해 등을 원천적으로 막을 수 있습니다.
인터넷 쇼핑몰의 경우 의무적으로 에스크로 서비스를 제공해야 합니다.

무통장입금 계좌 설정하기

동영상 강의 보기	QR코드로 바로보기
https://youtu.be/HVO9GtGuM4k	

■ 메뉴위치 : 쇼핑몰 설정 > 결제 설정 > 무통장입금 계좌설정

❶ 본인확인 인증을 합니다.

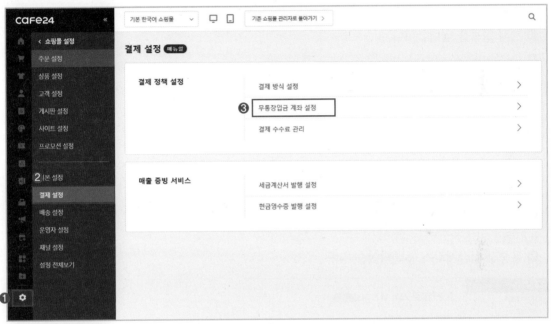

❷ [등록] 버튼을 클릭합니다.

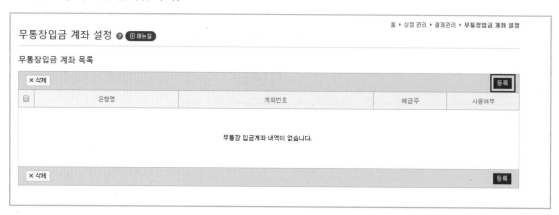

❸ 계좌 정보를 입력합니다.

❹ [저장] 버튼을 클릭합니다.

❺ 무통장 입금계좌가 등록되었습니다.

11. 배송 관리하기

배송 설정

동영상 강의 보기	QR코드로 바로보기
https://youtu.be/POgVsL4ngVl	

쇼핑몰을 운영할 때 필요한 배송 및 반품 기본 설정을 합니다.

■ 메뉴위치 : 쇼핑몰 설정 > 배송 설정 > 배송비 설정

(1) 기본 설정

❶ 택배, 등기, 화물 등 배송방법을 설정합니다.

❷ 국내/해외 배송을 설정합니다.

❸ 배송가능 지역을 입력합니다.

❹ 배송 소요기간을 입력합니다.

❺ 무료배송, 고정 배송비, 구매 금액에 따른 부과 등을 결정하여 배송비를 설정합니다.

예 10만원 이상 구매시 무료배송(10만원 미만은 배송비 2,500원)

(2) 개별배송비, 공급사배송비 설정

개별배송비 설정 ❓	
상품별 개별배송료 설정	● 사용함 ○ 사용안함
개별배송비 계산 기준 설정	● 상품별로 배송비 계산 ○ 품목별로 배송비 계산

공급사배송비 설정 ❓	
공급사별 배송비 반영 설정	● 사용함 ○ 사용안함
공급사 선택	● 전체 공급사 ○ 특정 공급사
공급사별 배송비 계산기준 설정	● 전체 상품금액의 합계금액 기준으로 배송비 부과함 ○ 대표운영자와 공급사 상품은 별도의 합계금액 기준으로 배송비 부과함
공급사별 지역별 배송비 설정	● 지역별 배송료를 무조건 대표 운영자의 지역별 배송료를 부과함 ○ 지역별 배송료를 공급사 관리자 설정에 따라 각각 부과함

❶ 상품별 개별 배송료 유무를 설정합니다.

• 상품별로 등록된 [배송정보 〉 개별설정]에서 설정된 배송비 사용여부를 선택합니다.
• '사용함'인 경우 구매시 상품별 개별배송비가 적용되며, [상품 등록/수정 〉 배송정보]에 개별설정이 표시됩니다.
• '사용안함'인 경우 구매시 기본 배송비가 적용되며, [상품 등록/수정 〉 배송정보]에 개별설정을 숨깁니다.
• 해외배송의 경우 [해외배송 보험료] 설정이 적용되지 않으므로, 필요시 보험료를 포함한 개별배송비를 입력해야 합니다. 자동 책정 배송비(EMS) 사용시 배송비 적용 우선순위는 아래와 같습니다.
• 상품별 배송비 개별설정
• 국가별 배송비 개별설정
• 자동 책정 배송비(EMS) 사용

❷ 공급사별 배송비 반영 설정

공급사별로 배송비를 설정하고 주문시 공급사에서 설정한 배송비가 과금되도록 설정합니다.

❸ 공급사별 지역별 배송비 설정

지역별 배송료를 공급사별로 차등 적용이 가능합니다.

단, 위 설정에 따라 공급사에서 지역별 배송료를 설정하여도 대표 운영자의 지역별 배송료를 강제로 부과할 수 있습니다(설정시 유의해 주세요).

(3) 무료배송비 우선 설정

무료배송비 우선 설정	
무료배송비 우선 설정 적용 범위 ❓	☐ 개별 배송비 포함 ☐ 공급사 배송비 포함
무료배송비 우선 설정 제외 범위 ❓	☐ 착불 배송비 제외

❶ **무료배송비 우선 설정 적용 범위** : 기본배송비 무료인 상품과 개별배송 또는 공급사 배송 상품을 함께 주문하면 배송비가 무료가 되도록 설정할 수 있습니다.

개별배송비 포함 체크로 설정 시 다음과 같이 무료배송비 우선 설정이 적용됩니다.
- 기본배송비 무료 상품 + 개별배송비 유료 상품 : 배송비 무료
- 기본배송비 유료 상품 + 개별배송비 무료 상품 : 배송비 무료

공급사 배송비 포함 체크로 설정 시, 다음과 같이 무료배송비 우선 설정이 적용됩니다.
- 기본배송비 무료 상품 + 공급사 업체배송비 유료 상품 : 배송비 무료
- 기본배송비 유료 상품 + 공급사 업체배송비 무료 상품 : 기본배송비 부과됨

예 개별배송비 포함 체크, 공급사 배송비 포함 체크 해제로 설정된 쇼핑몰에서 기본배송비 무료인 A상품과 개별배송 B상품, 공급사 배송 C상품이 판매 중인 경우

① 주문상품 A + B : 배송비 무료(무료배송 상품인 A로 인해 B의 개별배송비도 무료로 적용됨)
② 주문상품 A + C : 공급사 업체배송비 부과됨(공급사 배송비 포함이 체크 해제로 설정되어 있으므로 C의 공급사 업체 배송비가 부과됨)
③ 주문상품 B + C : 개별배송비 부과됨(C가 구매금액 이상이어서 배송비 0원이지만 무료배송 상품은 아니므로 B의 개별배송비가 부과됨)

❷ **무료배송비 우선 설정 제외 범위**
- 착불 배송비 제외 : 무료배송 적용 상품 중 착불 상품이 포함된 경우, 착불 상품은 무료배송에서 제외하고 착불로 표시합니다.
- 자동책정 배송비(EMS) 제외 : 무료배송 적용 상품 중 자동책정 배송비 적용 상품이 포함된 경우, 해당 상품은 무료배송에서 제외하고 자동책정 배송비를 부과합니다.

배송업체 등록하기

계약한 배송업체의 정보를 등록합니다.

■ 메뉴위치 : 쇼핑몰 설정 > 배송 설정 > 배송업체 관리

❶ [배송업체 추가] 버튼을 클릭합니다.

❷ 배송업체명, 대표연락처, 기본 배송비 등을 입력하고 [저장]을 클릭합니다.

지역별 배송비 설정하기

■ 메뉴위치 : 쇼핑몰 설정 > 배송 설정 > 지역별 배송비 설정

❶ 지역별 배송비 '사용함'을 선택합니다.
❷ [등록] 버튼을 클릭합니다.

❸ 지역명을 입력합니다.
❹ 우편번호 범위를 설정합니다.
❺ 지역 추가 배송비를 입력합니다.
❻ [등록] 버튼을 클릭합니다.

❾ 등록한 지역이 나타나면 [저장] 버튼을 클릭합니다.

❿ 배송업체가 등록되었습니다.

05 : 스마트 디자인 Easy로 쇼핑몰 디자인 변경하기

'보기에 좋은 떡이 먹기도 좋다' 라는 말이 있습니다. 고객이 쇼핑몰을 방문했을 때의 첫 인상은 매우 중요합니다. 실망감을 느꼈다면 바로 되돌아갈 확률이 높기 때문에 고객의 눈을 사로잡을만 한 디자인은 매우 중요하다 할 수 있습니다. 이번 파트에서는 스마트 디자인 Easy를 통해 고객을 사로잡기 위해 쇼핑몰에 옷을 입히고 치장하는 등의 디자인 방법에 대해 배워보겠습니다.

1. 디자인 관리 알아보기

디자인 보관함

처음 쇼핑몰을 만들면 카페24에서는 기본 디자인을 제공합니다. 디자인 보관함에서 수정 및 디 자인 복사, 대표 디자인 설정 등을 할 수 있습니다.

■ 메뉴위치 : 디자인 > 디자인 보관함

신규 디자인 추가

카페24에서는 쇼핑몰 화면을 꾸미기 위한 다양한 무료 및 유료 디자인 스킨을 제공합니다.

■ 메뉴위치 : 디자인 > 디자인 추가

❶ [디자인 추가] 메뉴를 클릭하면 카페24에서 제공하는 다양한 디자인 스킨들이 나타납니다.
'가격'에서 [무료] 버튼을 클릭하면 무료 스킨만 볼 수 있습니다.

❷ 마음에 드는 스킨을 선택하고 [디자인 상세보기] 버튼을 클릭합니다.

◆ 유료 디자인을 구매한 경우 디자인 회사의 디자인 파일 업로드 후 디자인 보관함에 디자인이 추가됩니다.
　유료 디자인일 경우 스마트 디자인 easy가 아닌 스마트 디자인을 사용하게 됩니다.

[디자인 추가] 버튼을 클릭하면
디자인 보관함에 디자인이
추가됩니다.

[샘플 사이트 보기] 버튼을 클릭하면
쇼핑몰을 미리볼 수 있습니다.

기본 디자인 '스마트 디자인 Easy' 추가하기

기본 디자인이란 카페24와 제휴한 디자인 회사가 아닌 카페24에서 무료로 제공하는 디자인을 말합니다. 처음 카페24에 가입해서 디자인 보관함을 보면 '스마트 디자인 Easy'가 기본 디자인으로 설정되어 있고 기본 디자인 추가에서 5가지 '스마트 디자인easy' 디자인을 추가할 수 있습니다. 디자인을 추가해 보겠습니다.

❶ [기본 디자인 추가] 버튼을 클릭합니다.

❷ 쇼핑몰에 사용하려는 기본 언어를 선택합니다. '아키테이블'을 선택하고 [추가] 버튼을 클릭합니다.

디자인 명이 '베이직'이라고 된 디자인은 '스마트 디자인'입니다.

'Easy' 아이콘이 있는 디자인은 '스마트 디자인 Easy'입니다.

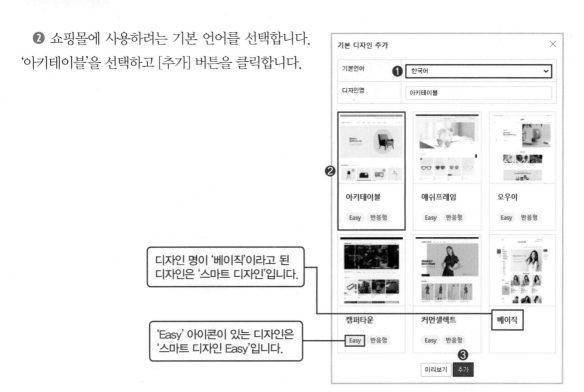

❸ 디자인 보관함에 스마트 디자인 Easy 디자인인 '아키테이블'이 추가 되었습니다.

기본 디자인 '스마트 디자인' 추가하기

❶ [기본 디자인 추가] 버튼을 클릭하고 쇼핑몰에 사용하려는 기본 언어를 선택합니다. '베이직'을 선택하고 [추가] 버튼을 클릭합니다.

❷ 디자인 보관함에 스마트 디자인 '베이직'이 추가 되었습니다.

스킨 이름 변경하기

❶ 연필 모양 아이콘을 클릭합니다.

❷ 수정할 디자인 명에 '스마트 디자인'으로 입력하고 [수정] 버튼을 클릭합니다.

❸ 스킨의 이름이 변경되었습니다.

오와이오 TIP 카페24 쇼핑몰 디자인 종류

카페24 쇼핑몰 디자인 편집에는 3가지가 있습니다. 바로 '에디봇 디자인'과 '스마트 디자인' 그리고 '스마트 디자인 Easy'입니다.

스마트 디자인 vs 스마트 디자인 Easy vs 에디봇 디자인 차이점

❶ 스마트 디자인
- 주로 HTML/CSS 코드를 직접 수정하여 쇼핑몰을 디자인할 수 있습니다.
- 쇼핑몰의 모든 페이지를 수정할 수 있습니다.
- 코드로 수정하기 때문에 원하는 대로 자유롭게 디자인 수정을 할 수 있습니다.

❷ 스마트 디자인 Easy

- '+' 버튼을 사용하여 다양한 쇼핑몰 요소를 사용할 수 있습니다.
- 7개 주요 페이지만 수정 가능합니다.
- 수정 페이지는 적지만 에디봇 디자인보다 더 많은 디자인 수정이 가능하며, 수정을 쉽게 할 수 있습니다.

❸ 에디봇 디자인

- 신규 가입자분들은 사용할 수 없지만 기존 가입자는 사용하시는 경우가 있습니다.
- 간단한 드래그 & 드롭 만으로 쇼핑몰을 디자인할 수 있습니다.
- 11개 주요 페이지만 수정 가능합니다.
- HTML/CSS를 몰라도 사용할 수 있습니다.

스킨 복사하기

디자인을 똑같이 하나 더 만들 때 사용합니다. 디자인을 수정하기 전에 백업하는 용도로도 많이 사용합니다.

❶ 복사할 스킨의 체크 박스를 체크합니다.

❷ [복사] 버튼을 클릭합니다.

❸ 복사 스킨의 디자인명을 입력합니다.

❹ [저장] 버튼을 클릭하고 [확인] 버튼을 클릭합니다.

❺ 디자인 복사가 완료되었습니다.

스킨 삭제하기

❶ 삭제할 스킨의 체크 박스에 체크합니다.

❷ [삭제] 버튼을 클릭합니다.

❸ [확인] 버튼을 클릭하면 스킨이 삭제됩니다.

owhyoedu.cafe24.com 내용:

삭제한 디자인은 복구가 불가능하며,
디자인 예약기능도 함께 삭제됩니다.

확인   취소

대표 디자인 변경하기

대표 디자인을 설정하면 고객이 쇼핑몰을 방문했을 때 해당 디자인이 보여집니다.

❶ 대표 디자인을 적용할 스킨의 체크 박스에 체크합니다.

❷ [대표 디자인 설정] 버튼을 클릭합니다.

❸ [적용] 버튼을 클릭합니다.

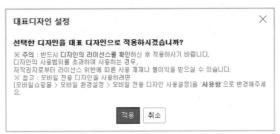

❹ 아키테이블 스킨이 대표 디자인으로 설정되었습니다.

2. 스마트 디자인 Easy 편집창 알아보기

스마트 디자인 Easy 편집창 구조에 대해서 알아보겠습니다.

■ 메뉴위치 : 디자인 > 디자인 보관함

에디터 열기

❶ 스마트 디자인 Easy의 [편집] 버튼을 클릭합니다. 이 책에서는 '아키테이블' 스킨을 사용했습니다. '쇼핑몰 기본 디자인'도 이미지만 다를 뿐 구조와 기능은 똑같습니다.

◆ 수정하려는 쇼핑몰이 대표 디자인으로 설정되어 있는 경우에는 디자인 관리에서 바로 [편집] 버튼을 클릭해도 에디터를 열 수 있습니다.

❷ 가이드 창에서 [둘러보기] 버튼을 누르면 스마트 디자인 Easy 에디터의 사용법을 볼 수 있습니다. 설명을 보지 않으려면 '아니요, 바로 시작할게요'를 클릭합니다.

❸ 에디터가 열렸습니다.

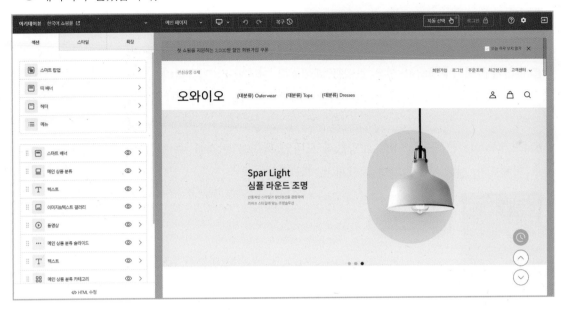

편집창 상단 알아보기

상단 좌측에 있는 스킨명을 클릭하면 최근 편집한 디자인 및 디자인 라이브러리를 볼 수 있습니다.

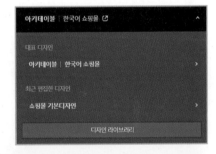

❶ 디자인 라이브러리 : 모바일 쇼핑몰 설정 및 디자인 보관함을 볼 수 있습니다.

❷ 페이지 선택 : 수정하고 싶은 쇼핑몰 페이지를 선택할 수 있습니다. 스마트 디자인 Easy의 경우 총 7개의 페이지만 수정이 가능합니다.

❸ PC/Mobile/전체보기 : PC 쇼핑몰과 모바일 화면을 변경할 수 있습니다. [전체보기] 선택 시 PC 화면을 전체 보기합니다.

❹ 되돌리기/다시실행 : 작업을 취소하거나 재실행 합니다.

❺ 복구 : HTML 수정으로 스마트 디자인으로 변경했을 경우, HTML 변경 전으로 복구가 가능합니다.

❻ 자동 선택 : [자동 선택]이 활성화되어 있는 경우 쇼핑몰 화면에 마우스를 올리면 자동 선택이 되면서 왼쪽 메뉴에 옵션이 나타납니다. [자동 선택] 버튼을 클릭하면 비활성성화가 되며, 화면을 클릭했을 때 쇼핑몰 링크 이동만 가능합니다.

❼ **로그인 전/후** : 로그인 전과 후 화면을 각각 수정할 수 있습니다.

❽ **설정** : 쇼핑몰 이름 변경과 파비콘 등록이 가능합니다.

❾ **닫기** : 에디터를 종료합니다.

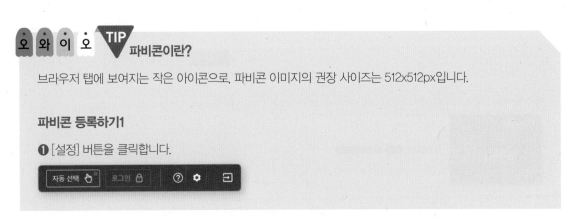

파비콘이란?

브라우저 탭에 보여지는 작은 아이콘으로, 파비콘 이미지의 권장 사이즈는 512x512px입니다.

파비콘 등록하기1

❶ [설정] 버튼을 클릭합니다.

❷ [이미지 직접 등록하기]를 클릭합니다.

❸ 파비콘 이미지를 선택하고 [열기] 버튼을 클릭합니다.

❹ [적용] 버튼을 클릭합니다.

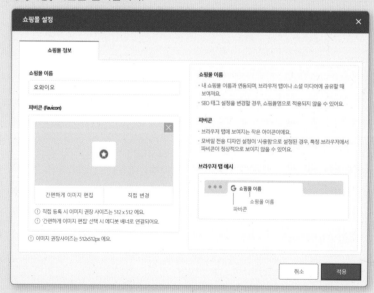

❺ 에디터가 아닌 관리자 페이지에서 [PC쇼핑몰 바로가기] 버튼을 클릭합니다.

❻ 브라우저 탭에 파비콘이 변경되었습니다. 여러분의 쇼핑몰에 어울리는 파비콘을 제작해서 등록해 보세요.

파비콘 등록하기2

❶ [간편하게 파비콘 만들기]를 클릭합니다. 파비콘을 등록한 적이 있다면 [간편하게 이미지 편집] 버튼을 클릭합니다.

〈파비콘을 처음 등록할 경우〉

〈파비콘을 재등록할 경우〉

❷ 에디봇 배너창이 열렸습니다. 에디봇 배너란 이미 디자인된 템플릿을 이용해서 디자인을 하거나 디자인 요소들을 이용하여 쉽게 디자인을 할 수 있는 카페24 툴입니다.

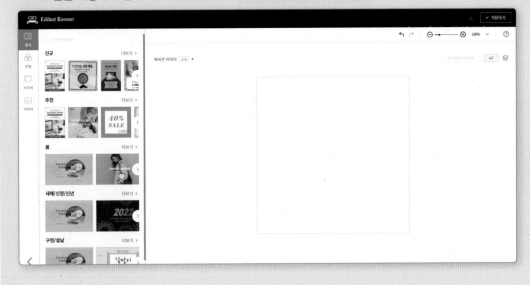

❸ [스티커] 메뉴를 클릭하고 [그래픽] 탭을 클릭합니다. 다양한 도형들
이 나타나면 '검은 원' 모양을 선택합니다.

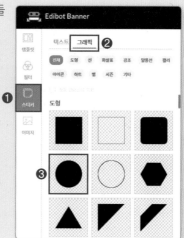

❹ 화면에 '원'이 나타나면 '원'을 클릭합니다. 네모 박스가 생기면 모서리 부
분을 드래그 해서 크기를 키워줍니다.

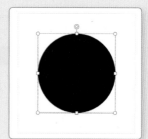

❺ 왼쪽 옵션에서 색상을 클릭하고 원하는 색상을 선택합니다.

❻ [스티커] 메뉴에서 다시 '별' 모양을 선택합니다.

❼ 앞에 '원' 모양에서 했던 방법대로 별의 크기를 조절하고 색상을 변경합니다.

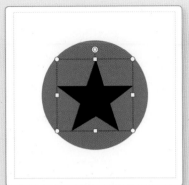

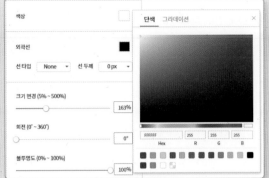

❽ 파비콘이 완성되었습니다.

❾ 상단 오른쪽 메뉴에서 [다운로드] 아이콘을 클릭하면 파비콘을 다운받을 수 있습니다.

[적용하기] 버튼을 클릭하면
에디봇 배너로 제작한 파비콘이
등록됩니다.

❿ 다시 한번 [적용] 버튼을 클릭하면 파비콘이 쇼핑몰에 적용됩니다.

좌측 메뉴 알아보기

❶ 섹션 : 쇼핑몰의 영역별로 수정을 할 수 있는 메뉴입니다.

❷ 스타일 : 쇼핑몰의 메인 컬러를 변경할 수 있습니다.

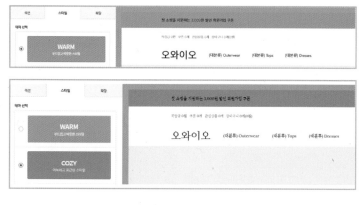

❸ 확장 : 쇼핑몰에 앱을 설치하여 추가 기능을 사용할 수 있습니다.

3. 스마트 디자인 Easy 쇼핑몰 변경하기

띠배너 수정하기

❶ 화면에서 [띠배너] 영역을 클릭하면 [띠배너] 창이 나타납니다.

◆ 좌측 섹션 영역에서 [띠배너]를 클릭해도 됩니다. 책에서는 화면에서 선택하도록 하겠습니다.

❷ 사용 여부 : 클릭해서 띠배너의 사용 여부를 결정합니다.

❸ 내용 : 띠배너의 내용을 수정할 수 있고 글씨의 진하기, 색상, 정렬을 변경할 수 있습니다.

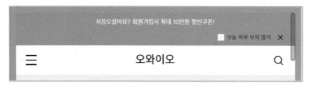

▲ 글씨 색상 : 흰색, 가운데 정렬

❹ 링크 주소를 입력할 수 있습니다. 띠배너를 클릭하면 링크 주소를 입력한 페이지로 이동합니다.

❺ 설정 : '오늘 하루 보지 않기', '일주일 간 보지 않기'를 설정할 수 있습니다. '사용안함'을 선택할 경우 버튼이 보이지 않습니다. 띠배너의 경우 '사용안함'으로 설정하는 경우가 많습니다.

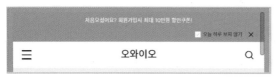

▲ '오늘 하루 보지 않기' 시　　　　　　　▲ '사용안함' 설정 시

헤더 수정하기

❶ 레이아웃 : PC 디자인의 로고와 메뉴들의 위치를 변경할 수 있습니다.

▲ 1단 기본형

▲ 2단 중앙형

❷ 로고 : 로고를 변경할 수 있습니다.

- 간편하게 로고 만들기 : 에디봇 배너로 로고 이미지를 만들어서 등록할 수 있습니다.
- 이미지 등록하기 : 가지고 있는 로고 이미지를 등록할 수 있습니다.
- 로고 자동 생성 : 현재 쇼핑몰명을 기준으로 로고를 자동 생성해서 추천합니다.

– 로고를 에디봇 배너로 만들어보겠습니다. ❷번 그림에서 [간편하게 로고 만들기] 버튼을 클릭합니다.
– 로고 글씨를 클릭하고 글씨를 입력하면 로고를 수정할 수 있습니다.

▲ 수정 전

▲ 수정 후

‑ 로고 글씨를 클릭하면 왼쪽에 옵션이 나타납니다. 글꼴과 크기를 변경하고, [텍스트 색상]에서 색
  상을 변경합니다.

‑ 오른쪽 상단에 [적용하기] 버튼을 클릭하면 로고가 변경됩니다.

❸ 메뉴 : 메뉴를 변경합니다.

- 관리자 페이지의 [상품 〉 분류관리 〉 상품분류관리]에서 메뉴를 추가한 뒤 [상품 분류 동기화] 버튼을 클릭하면 메뉴가 동기화 됩니다. 메뉴는 관리자 페이지에서 변경하고 [상품 분류 동기화] 버튼을 클릭하는 것을 추천드립니다. [상위 메뉴 추가] 버튼으로 메뉴를 등록하더라도 링크를 따로 연결해주어야 하기 때문에 동기화를 사용하는 것이 더 간편합니다.

◆ 상품 분류 관리는 218쪽을 참고하세요.

❹ **언어선택** : 멀티 쇼핑몰을 사용할 경우 사용할 수 있습니다.

❺ **기본 제공 메뉴** : 쇼핑몰 기본 메뉴명 및 글씨 굵기와 색상을 수정할 수 있습니다.

❻ **쇼핑 기본정보 노출 설정** : 적립금, 예치금, 쿠폰수, 관심상품 수 등의 노출 여부를 설정합니다.

스마트 배너 직접 변경하기

❶ 화면에서 [스마트 배너] 영역을 클릭한 다음, 배너 목록에서 변경할 배너를 클릭합니다.

◆ 배너의 크기는 PC 이미지는 1920x760px, 모바일 이미지는 720x1000px입니다.

❷ [PC 직접 변경] 버튼을 클릭합니다.

❸ 배너 이미지를 선택한 뒤 [열기] 버튼을 클릭합니다.

❹ 모바일 배너 등록도 같이 해주어야 합니다. [모바일 직접 변경] 버튼을 클릭하고 배너 이미지를 선택한 뒤, [열기] 버튼을 클릭합니다.

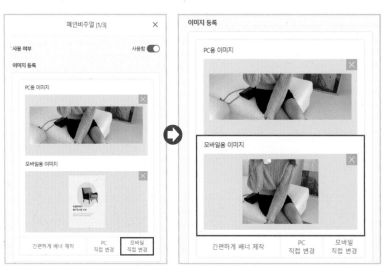

❺ 링크를 걸어보겠습니다. 링크의 '사용안함'을 클릭해서 '사용함'으로 변경한 다음, [편집] 버튼을 클릭합니다.

❻ 상품분류, 상품, 게시판 등으로 링크를 연결할 수 있습니다. 'URL' 입력은 직접 주소를 입력해서 링크를 걸어줄 수 있습니다.

❼ 카테고리 상품으로 링크를 걸어주기 위해 [상품분류]에서 원하는 카테고리를 선택해 주세요. 여기서는 '(대분류) Tops'를 클릭했습니다.

❽ [적용] 버튼을 클릭합니다.

'현재탭에서 이동'은 현재 페이지가 바뀌면서 페이지가 이동하며, '새탭 열기'는 새창으로 페이지가 열립니다.

❾ PC와 모바일 배너가 등록되었습니다.

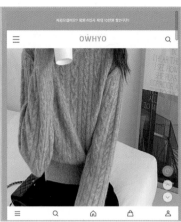

❿ 관리자 페이지에서 [PC 쇼핑몰 바로가기] 버튼을 클릭하면 쇼핑몰이 열립니다. 메인 배너를 클릭하면 링크를 연결한 '(대분류) Tops' 페이지가 열립니다.

에디봇 배너로 스마트 배너 변경하기

❶ 스마트 배너 영역을 클릭하고 두 번째 배너를 클릭합니다.

❷ [간편하게 배너 제작]을 클릭해서 에디봇 배너를 열어줍니다.

❸ 배너 템플릿(디자인)을 고르기 전에 PC 배너와 MOBILE 배너 디자인을 한 번에 적용하려면 '모든 캔버스에 적용'을 체크합니다. 원하는 배너 디자인을 선택합니다. 그런 다음 스크롤바를 내려 보면 PC용 배너 이미지와 MOBILE용 배너 이미지에 템플릿이 동시에 적용된 것을 확인할 수 있습니다.

❹ 화면이 너무 크거나 작다면 우측 상단에 [+]와 [−] 버튼을 눌러 화면 크기를 조절해 주세요.

❺ 템플릿에 있는 이미지를 변경해 보겠습니다. 왼쪽 메뉴에서 [이미지] 버튼을 클릭한 다음, [이미지 업로드] 버튼을 클릭합니다.

❻ 원하는 이미지를 선택하고 [열기] 버튼을 클릭합니다. '드래그' 또는 Shift + [마우스 클릭]을 해서 한 번에 여러 장의 이미지를 선택할 수도 있습니다.

❼ 업로드한 이미지를 변경하고 싶은 영역에 드래그해서 놓으면 이미지가 변경됩니다.

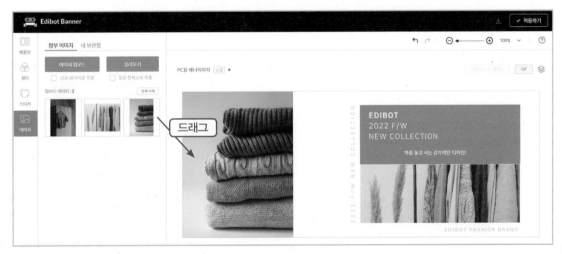

❽ 에디봇 배너로 로고를 변경한 것처럼 이번에는 글씨를 클릭하고 내용을 변경합니다. 왼쪽 옵션에서 폰트, 크기, 행간, 자간, 색상을 변경합니다.

❾ 스크롤바를 내리면 MOBILE용 배너 이미지가 나타납니다. 이미지와 글씨 변경이 완료되면 [적용하기] 버튼을 클릭합니다.

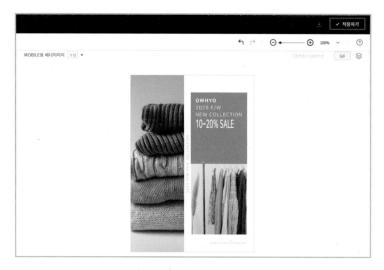

❿ [적용] 버튼을 클릭하면 배너가 적용됩니다.

배너 삭제와 추가하기

❶ 스마트 배너 영역을 클릭하고 삭제할 배너를 클릭합니다.

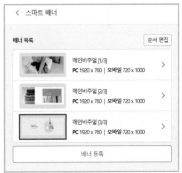

❷ [배너삭제] 버튼을 클릭한 다음, 팝업이 뜨면 [확인] 버튼을 클릭합니다.

❸ 배너가 삭제되었습니다.

❹ 이번에는 배너를 추가해 보겠습니다. [배너 등록] 버튼을 클릭합니다.

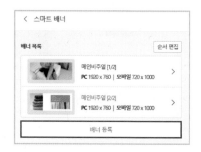

❺ [간편하게 배너 만들기] 또는 [이미지 직접 등록하기] 버튼을 클릭합니다. 책에서는 [이미지 직접 등록하기]를 클릭했습니다.

❻ PC와 모바일 직접 등록을 한 다음, [적용] 버튼을 클릭합니다.

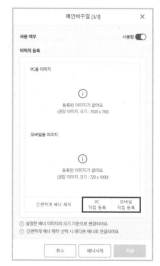

❼ 배너가 추가 되었습니다.

배너 순서와 영역 수정하기

❶ 스마트 배너 영역을 클릭하고 [순서 편집] 버튼을 클릭합니다.

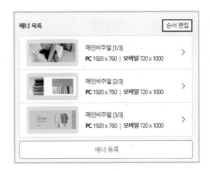

❷ 배너 이미지 앞부분을 드래그해서 순서를 변경합니다. [적용] 버튼을 클릭하면 순서 변경이 완료됩니다.

슬라이드 설정하기

스마트 배너 영역을 클릭하고 '슬라이드 설정'의 [설정] 버튼을 클릭합니다.

❶ '사용함' 버튼을 클릭하면 '사용안함'으로 변경됩니다.

❷ 슬라이드 시간을 설정할 수 있습니다.

❸ 슬라이드 버튼의 모양을 변경할 수 있습니다.

오와이오 TIP 배너 영역 수정하기

스마트 배너 영역을 클릭하면 '배너 영역 수정'이 나타납니다. 이곳에서 배너 영역의 크기를 조절할 수 있습니다. [설정] 버튼을 클릭합니다.

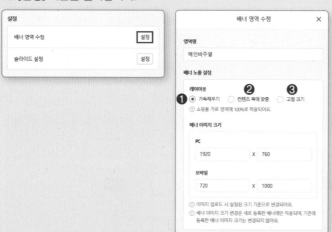

❶ 가득채우기 : 해상도에 상관없이 쇼핑몰 가로 영역에 여백없이 100%로 적용됩니다.

❷ 컨텐츠 폭에 맞춤 : 쇼핑몰 좌우 여백을 제외하고, 컨텐츠 폭에 맞춰집니다.

❸ 고정 크기 : 설정한 배너 크기 기준으로 고정되어 노출됩니다. 사용자 마음대로 크기를 지정할 수 있습니다.

영역 추가/삭제/이동하기

❶ 영역을 추가해 보겠습니다. 영역에 마우스를 올리면 [+] 버튼이 나타납니다. [+] 버튼을 클릭합니다.

❷ 섹션 추가에서 원하는 콘텐츠 또는 상품을 클릭해서 영역을 추가할 수 있습니다.

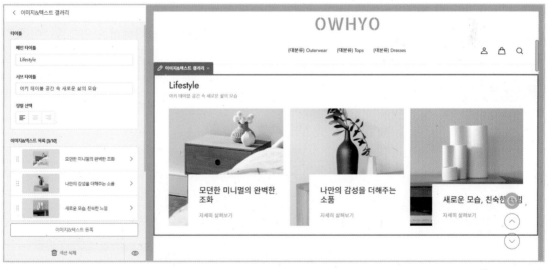

▲ 이미지&텍스트 갤러리 추가 모습

❸ 영역을 삭제할 때는 왼쪽 옵션에서 [섹션 삭제] 버튼을 클릭합니다.

또는 화면에서 영역에 마우스를 올리면 영역 이름이 나타납니다. 이름에 마우스를 올리고 [삭제] 메뉴를 클릭해도 됩니다.

❹ 영역에 마우스를 올리면 우측 상단에 ↑ ↓ 버튼이 나타납니다. 클릭해서 영역을 위, 아래로 이동할 수 있습니다.

이미지&텍스트 갤러리 수정하기

이미지&텍스트 갤러리는 쇼핑몰의 배너로, 세일 및 기획전 등을 이미지와 글씨로 나타낼 수 있습니다. 앞에 알려드린 방법대로 '이미지&텍스트 갤러리' 섹션 추가를 해주세요.

❶ '이미지&텍스트 갤러리' 영역을 클릭합니다.

❷ 왼쪽 옵션에서 '메인 타이틀'과 '서브 타이틀'을 변경할 수 있습니다.

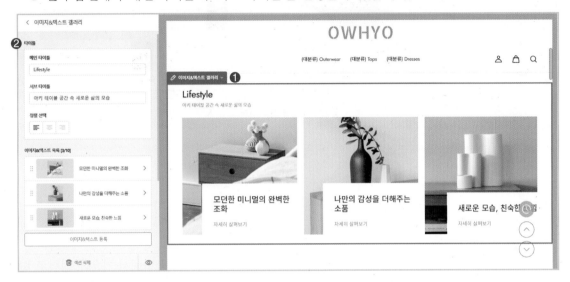

❸ 메인 타이틀과 서브 타이틀을 입력할 수 있습니다. 타이틀을 지우면 화면에서도 사라집니다. 쇼핑몰에 따라 이렇게 사용하는 곳도 있습니다.

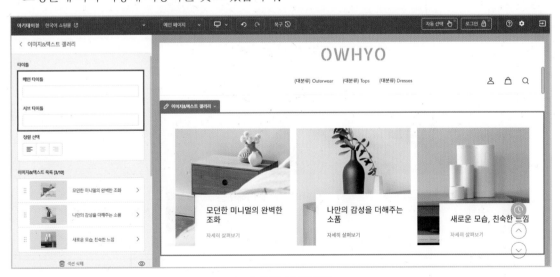

▲ 타이틀을 삭제한 경우

▲ 타이틀을 변경한 경우

❹ '정렬 선택'에서 정렬을 변경할 수 있습니다. [가운데 정렬] 버튼을 클릭해서 가운데 정렬로 변경한 모습입니다.

❺ 이미지 갤러리를 변경하기 위해서 왼쪽 옵션에서 첫 번째 이미지를 클릭하고 [직접 변경] 버튼을 클릭합니다. 이미지를 선택하고 [확인] 버튼을 클릭합니다.

◆ [간편하게 이미지 편집] 버튼을 클릭하면 에디봇 배너로 제작 가능합니다. 직접 변경 시 이미지 사이즈는 480x480px 입니다.

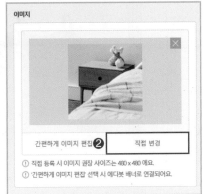

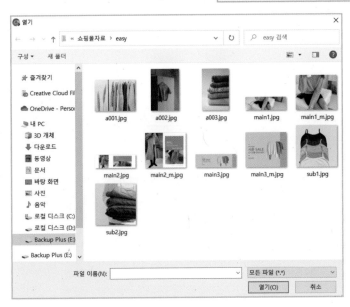

❻ 이미지를 변경하였습니다.

❼ 타이틀을 변경해 보겠습니다. '타이틀' 부분에 원하는 타이틀을 입력한 다음, '버튼명'에서 버튼명을 변경합니다.

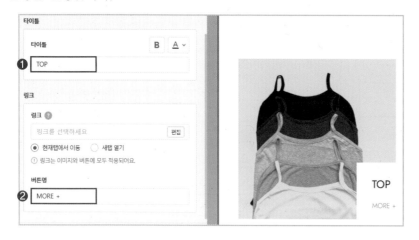

❽ '링크'에서 [편집] 버튼을 클릭하고 카테고리를 클릭합니다. [적용] 버튼을 클릭하여 링크를 적용합니다.

❾ 나머지 이미지도 같은 방법으로 등록해 줍니다.

❿ 이미지를 추가하려면 [이미지&텍스트 등록] 버튼을 클릭합니다.

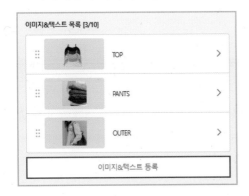

⓫ [간편하게 배너 만들기] 또는 [이미지 직접 등록하기] 버튼을 통해 이미지를 추가할 수 있습니다.

⓬ 이미지가 추가로 등록되었습니다.

⑬ [뒤로] 버튼을 클릭합니다. '이미지&텍스트 목록' 아래 '노출 설정' 옵션이 있습니다.

⑭ 1줄당 이미지&텍스트 개수 : PC에서 이미지 이미지&텍스트 개수를 1줄당 1~5개까지 노출되도록 설정할 수 있습니다.

▲ 4개로 설정했을 경우

⑮ 모바일 '더 불러오기 설정'을 변경해 보겠습니다. 등록된 이미지&텍스트 개수가 2개 이상일 경우 설정할 수 있습니다. 상단 메뉴에서 모바일 보기로 변경합니다.

- 슬라이드 : 모바일에서 고객이 손으로 슬라이드해서 이미지&텍스트를 볼 수 있습니다. 에디터 '모바일 보기'에서 Shift + [마우스휠]을 굴리면 실제 모바일에서 고객이 손으로 슬라이드할 때처럼 미리보기할 수 있습니다.

- 더보기 : 이미지&텍스트 3개가 노출되며, [더보기] 버튼이 나타납니다. 버튼 클릭 시 나머지 이미지가 노출됩니다.

- **사용안함** : 전체 이미지&텍스트가 노출됩니다.

메인 상품 분류 수정하기

❶ 메인 상품 분류 영역을 클릭합니다.

❷ 노출할 카테고리를 선택할 수 있습니다. 현재 BEST 카테고리로 설정되어 있는 것을 NEW 카테고리로 변경해 주기 위해 [NEW]를 클릭하고 [적용] 버튼을 클릭합니다.

❸ NEW 카테고리 상품들로 변경되었습니다.

❹ 메인 상품 분류에 상품을 진열해 보겠습니다. 상품 전시에서 [상품 진열 관리] 버튼을 클릭합니다.

◆ 메인 상품 진열은 관리자 페이지의 [상품 > 상품 진열 > 메인 진열] 에서도 변경 가능합니다.

❺ [상품 추가] 버튼을 클릭합니다.

❻ 추가할 상품을 클릭하고 [적용] 버튼을 클릭합니다.

◆ 상품 등록은 225쪽을 참고하세요.

❼ 메인에 추가한 상품이 진열되었습니다.

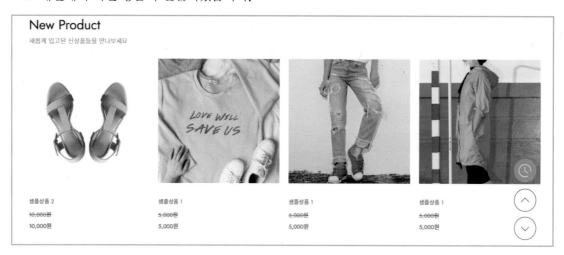

❽ '레이아웃'에서 진열 레이아웃 변경이 가능합니다. 대부분 기본 설정인 일반 4단형을 많이 사용합니다.

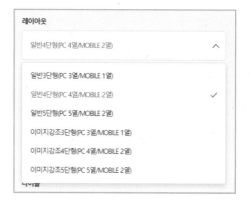

❾ 페이지당 노출 상품 개수를 변경할 수 있습니다.

❿ 4개에서 8개로 변경하면 4개까지 노출되던 상품이 최대 8개까지 상품이 노출됩니다.

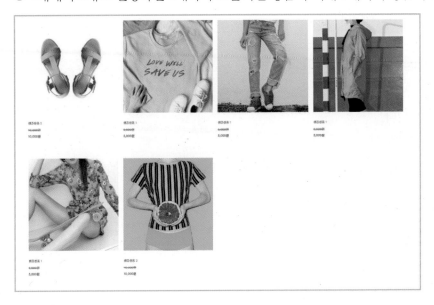

메인 상품정보 표시 설정하기

메인 상품의 상품정보 표시 설정은 대표 썸네일 아래에 해당 제품의 정보들을 노출하고 수정할 수 있는 부분입니다.

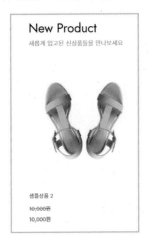

메인 상품 분류 영역을 클릭하고 상품 정보 표시 설정을 변경해 보겠습니다. [상품정보 표시 설정] 버튼을 클릭합니다.

❶ 상품정보의 글씨 크기를 조절합니다.

❷ 글씨를 진하게, 기울이게 합니다.

❸ 글씨 색상을 변경합니다.

❹ 정보를 삭제해서 노출되지 않게 합니다. 상품정보가 노출되고 있더라도 상품을 등록할 때 정보를 입력하지 않으면 노출되지 않습니다.

❺ 정보를 추가할 수 있습니다.

❻ '모든 메인 상품 분류에 공통 적용'에 체크하면 기존의 메인 상품 분류와 앞으로 추가하는 메인 상품 분류에도 설정이 공통 적용됩니다.

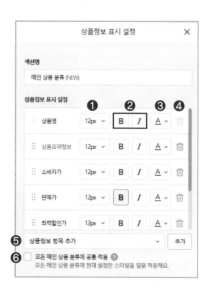

메인 상품 분류 타이틀 변경하기

❶ '메인 타이틀'을 변경할 수 있습니다.

❷ '서브 타이틀'을 변경할 수 있습니다.

❸ 정렬을 변경할 수 있습니다. 정렬은 앞서 적용한 '스마트 배너'와 '이미지&텍스트 갤러리'의 타이틀과 통일하는 것이 좋습니다.

▲ 타이틀 수정과 가운데 정렬 후 모습

메인 상품 분류 추가하기

화면에서 섹션을 추가하기 위해 [+] 버튼을 클릭합니다.

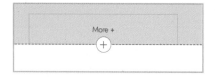

왼쪽에 상품 분류 화면이 나타납니다.

상품

❶	❷	❸
🖥️	•••	🔲
메인 상품 분류 목록	메인 상품 분류 슬라이드	메인 상품 분류 카테고리

❶ **메인 상품 분류 목록** : 일반 메인 상품 분류를 추가합니다.

❷ **메인 상품 분류 슬라이드** : 메인 슬라이드 분류를 추가합니다.

▲ PC

▲ 모바일

❸ 메인 상품 분류 카테고리 : 탭으로 메인 상품 분류를 선택할 수 있는 메인 상품 분류입니다.

▲ PC

▲ 모바일

❸ [아이콘 직접 추가] 버튼을 클릭합니다.
▶ 아이콘 권장 이미지 사이즈는 63x63px입니다.

❹ 아이콘 이미지를 선택하고 [열기] 버튼을 클릭합니다.

❺ 클릭해서 사용으로 변경한 뒤 [적용] 버튼을 클릭합니다.

❻ 아이콘이 적용되었습니다.

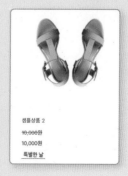

❼ 카페24에 내장된 아이콘을 사용할 수도 있습니다. [카페24 아이콘] 버튼을 클릭합니다.

❽ 아이콘에 마우스를 올리고 [추가] 버튼이 나오면 클릭합니다. [카페24 아이콘] 버튼을 클릭합니다.

❾ 등록된 아이콘을 사용 설정으로 변경한 뒤 [적용] 버튼을 클릭합니다.

❿ 카페24 아이콘이 적용되었습니다.

그 외 섹션 메뉴 알아보기

◆ 모든 메뉴는 모바일에 동일 적용됩니다.

❶ 텍스트 : 텍스트로 된 배너를 만들 수 있습니다.

❷ 동영상 : 동영상 주소를 넣으면 메인 페이지에 동영상을 넣을 수 있습니다.

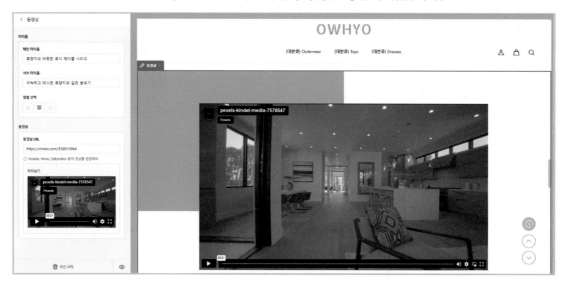

❸ 지도 : 주소를 입력하면 [바로가기] 버튼을 클릭했을 때 구글 지도로 연결됩니다. 배경 이미지 등록이 가능하며, 매장이 있는 경우 매장 이미지로 변경할 수 있습니다.

❹ 커스텀 HTML : HTML 코드를 사용하여 디자인을 할 수 있습니다.

◆ HTML 사용 방법은 160쪽을 참고하세요.

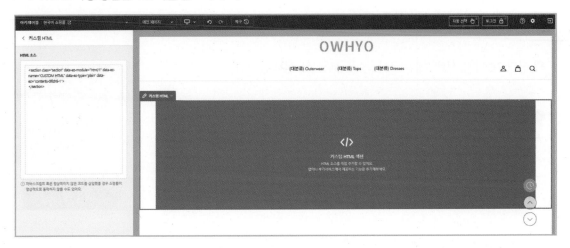

❺ 푸터 : 쇼핑몰 가장 하단에 쇼핑몰 정보 및 SNS 정보를 입력할 수 있습니다. 영역을 클릭하고 메뉴를 하나씩 클릭하여 쇼핑몰 정보를 입력해 주면 됩니다.

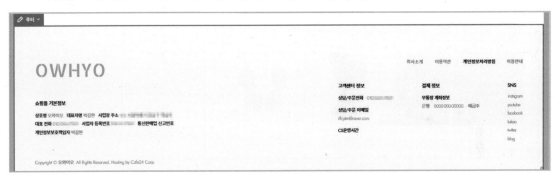

서브 페이지 변경하기

상품 분류 페이지 디자인을 수정해 보겠습니다. 상품 분류 페이지는 고객이 쇼핑몰 메뉴 카테고리를 클릭했을 때 나타나는 상품 페이지입니다.

❶ 상단 '페이지 선택' 메뉴에서 [상품 분류]를 선택합니다.

❷ 상품 분류 페이지가 나타납니다.

❸ 보통 상품 분류 페이지 상단에는 BEST 상품, 즉 추천 상품을 노출 시킵니다. 마우스를 대분류 카테고리에 올리면 [+] 버튼이 나타납니다. 아래쪽 [+] 버튼을 클릭합니다.

❹ [추천 상품] 버튼을 클릭해서 영역을 추가합니다.

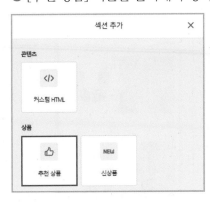

❺ [상품 진열 관리] 버튼을 클릭해서 상품을 등록해 보겠습니다.

❻ [상품 추가] 버튼을 클릭합니다. 오른쪽 창의 전시할 상품의 체크박스를 클릭한 다음, [적용] 버튼을 클릭합니다.

◆ 레이아웃이 PC는 4열로 1줄, 모바일은 2열로 2줄 노출되기 때문에 상품을 4개만 등록합니다.

❼ 상품 분류 페이지에 추천 상품이 등록되었습니다.

▲ PC 보기　　　　　　　　　　　　　　　　　　▲ 모바일 보기

❽ 진열 설정에서 '자동 정렬'을 '사용자 지정'으로 변경하면 추천 상품의 진열 순서를 변경할 수 있습니다.

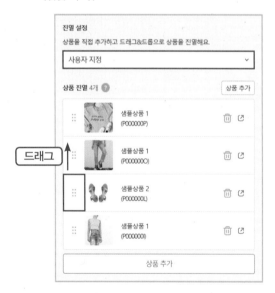

❾ 순서를 변경하고 싶은 상품의 순서 변경 버튼을 드래그해서 상품의 순서를 변경합니다. 아래는 상품 진열 순서가 변경된 모습입니다.

❿ [×] 버튼을 클릭하거나 추천 상품 영역을 클릭합니다.

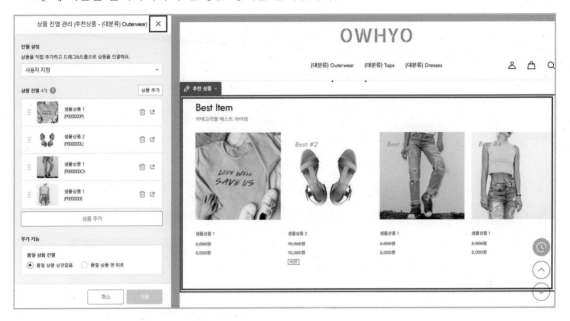

⓫ [상품정보 표시 설정]을
클릭합니다.

⓬ 항목을 삭제합니다.

⓭ 항목을 선택하고 추가합니다.

⓮ 항목의 글씨 크기, 굵기, 색상을 설정합니다.

⓯ 추천 상품의 타이틀과 서브 타이틀, 정렬을 변경할 수 있습니다.

❶❻ 상품 노출 설정을 변경합니다. 페이지당 노출 상품 개수를 '4'개로 수정합니다. 그러면 4번째 상품까지 노출되고 5번째 상품부터는 노출이 되지 않습니다.

이렇게 스마트 디자인 Easy의 쇼핑몰 메인 화면과 서브 화면을 변경해 보았습니다.

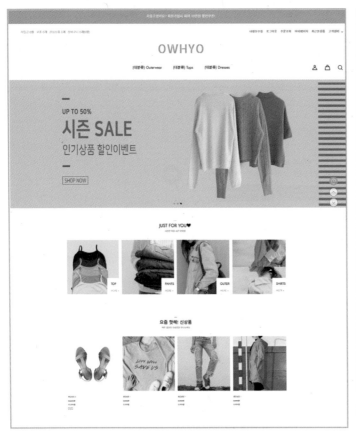

▲ PC 보기   ▲ 모바일 보기

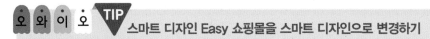 **스마트 디자인 Easy 쇼핑몰을 스마트 디자인으로 변경하기**

스마트 디자인 Easy 디자인에서 레이아웃을 변경하고 싶은데 내가 원하는 레이아웃으로 변경하는 기능을 카페24에서 제공하지 않는다면 스마트 디자인으로 변경해서 사용이 가능합니다. 단 HTML과 CSS를 사용해서 수정해야 하기 때문에 코드를 잘 알고 있는 분이나 외주를 주어 수정하실 분들에게만 이 방법을 추천합니다.

❶ [편집창의 왼쪽 메뉴에서 [〈 / 〉 HTML 수정] 버튼을 클릭합니다.

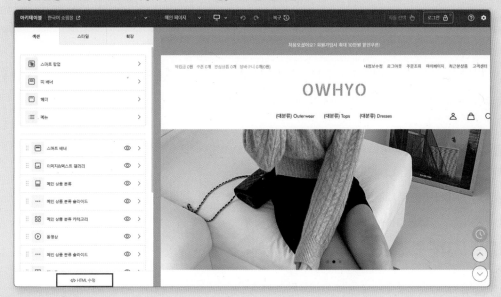

❷ 스마트 디자인 Easy가 스마트 디자인으로 변경되었습니다.

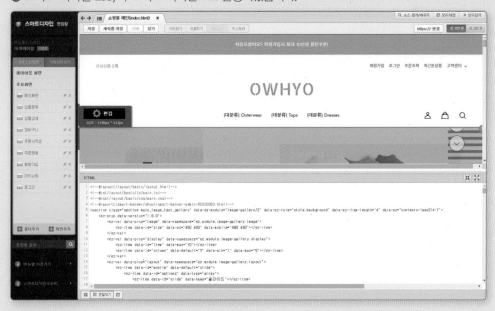

스마트 디자인 변경 방법은 6장에서 배워보도록 하겠습니다.

06 : 스마트 디자인으로 쇼핑몰 디자인 변경하기

스마트 디자인이란 직접 HTML과 CSS를 이용하여 수정하는 기능으로 좀 더 세밀한 디자인 관리가 가능합니다. 스마트 디자인을 사용하는 방법은 아래와 같습니다.

– 스마트 디자인 Easy를 스마트 디자인 방식으로 변경
– 디자인 추가에서 스마트 디자인 추가
– 기본 디자인에서 스마트 디자인 추가

1. 스마트 디자인 관리

에디터 열기

■ 메뉴위치 : 디자인 > 디자인 보관함

❶ 스마트 디자인 '베이직'으로 대표 디자인을 변경합니다.
◆ 대표 디자인 변경 방법은 79쪽을 참고하세요.

❷ 스마트 디자인 [편집] 버튼을 클릭합니다.

❸ 스마트 디자인이 대표 디자인으로 설정되어 있는 경우에는 [디자인 〉 디자인 편집] 버튼을 클릭해도 에디터를 열 수 있습니다.

스마트 디자인 에디터 살펴보기

동영상 강의 보기	QR코드로 바로보기
https://youtu.be/luMPbzI3mFU	

(1) 페이지 선택 영역

❶ 자주 쓰는 화면 : 페이지를 즐겨찾기 합니다.

❷ 전체 화면보기 : 쇼핑몰의 모든 페이지가 존재합니다.

❸ 페이지명을 클릭하면 페이지가 열립니다.

❹ [×]를 누르면 페이지가 닫힙니다.

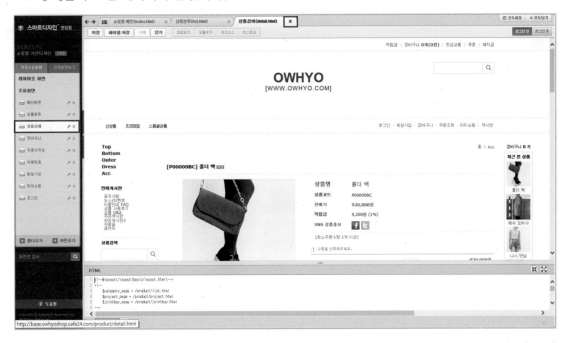

(2) 화면 영역

❶ 모든 페이지가 저장됩니다.

❷ 모든 페이지가 닫힙니다.

❸ 해당 페이지가 저장됩니다.

❹ 페이지를 새로 저장합니다.

❺ 해당 페이지가 닫힙니다.

❻ 화면을 미리보기 합니다.

❼ 모듈을 추가합니다.

❽ 최신 소스를 업데이트 합니다.

❾ 작업내역을 저장하여 실행 취소가 가능합니다.

❿ 페이지의 화면을 보여줍니다.

(3) HTML 영역

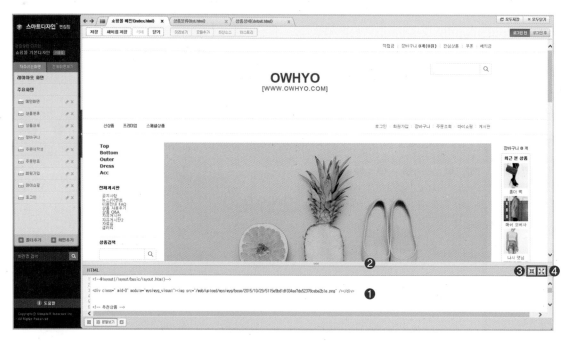

❶ 페이지의 HTML을 보여줍니다.

❷ 드래그해서 화면 영역과 코드 영역을 조절합니다.

❸ 코드 영역을 닫고 열어줍니다.

❹ 페이지 선택 영역을 닫고 화면을 넓게 볼 수 있습니다.

(4) 화면 방식 변경 버튼

❶ 화면보기 : 전체 화면을 보여줍니다.

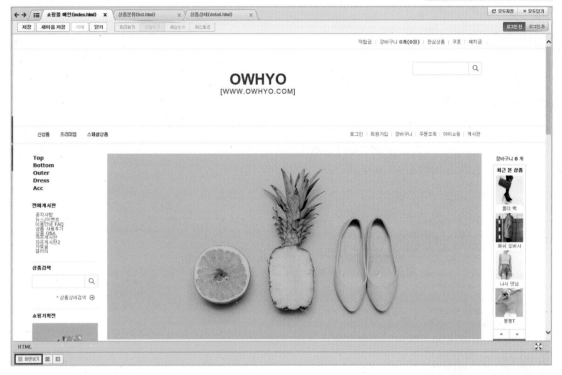

❷ 분할보기 : 화면과 HTML을 같이 보여줍니다.

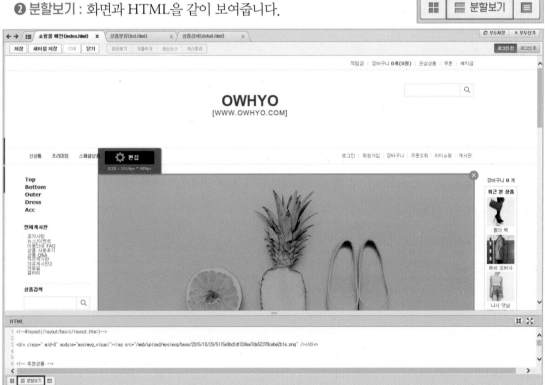

❸ HTML : HTML 코드를 보여줍니다.

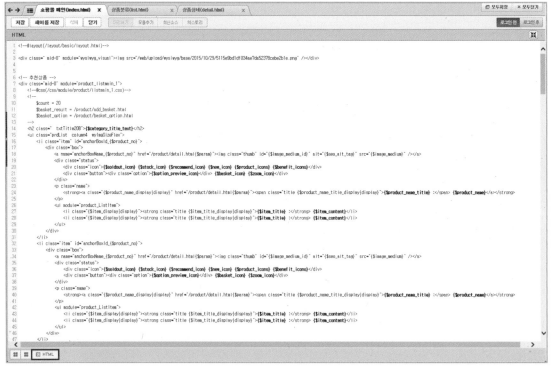

오 와 이 오 TIP 자주 쓰는 화면 추가하기

❶ [전체화면 보기] 탭을 선택합니다.

❷ 지정하려는 폴더를 클릭해서 원하는 페이지를 찾습니다. 회색별을 클릭하면 파란 별로 변합니다.

❸ [자주 쓰는 화면] 탭을 선택하면 페이지가 자주 쓰는 화면에 추가됩니다.

자주 쓰는 화면 삭제하기

❶ [×]를 클릭하면 삭제가 됩니다.

❷ 다시 별을 클릭해서 회색별로 만들어도 삭제가 됩니다.

2. 쇼핑몰 메인화면 디자인하기

로고 이미지 수정하기

동영상 강의 보기	QR코드로 바로보기
https://youtu.be/e8QoKG8V0Q8	

❶ 로고 이미지에 마우스를 가져간 후 [편집] 버튼을 클릭합니다.

❷ 레이아웃 창이 열리면 '속성'을 클릭합니다.

❸ [파일 선택] 버튼을 클릭합니다.

❹ 열기 창에서 원하는 로고 이미지를 찾아 선택하고 [열기] 버튼을 클릭합니다.

❺ 로고 이미지가 나타나면 [적용] 버튼을 클릭합니다.

❻ [저장] 버튼을 클릭하여 완료합니다.

메인 배너 이미지 수정하기

❶ 메인 이미지에 마우스를 가져간 후 [편집] 버튼을 클릭합니다.

❷ '속성'을 클릭하고 [파일 선택] 버튼을 클릭합니다.

❸ 열기 창이 나타나면 원하는 메인 이미지를 선택하고 [열기] 버튼을 클릭합니다.

❹ 선택한 이미지가 나타나면 [적용] 버튼을 클릭합니다.

❺ 이미지가 적용되었으면 [저장] 버튼을 클릭하여 완료합니다.

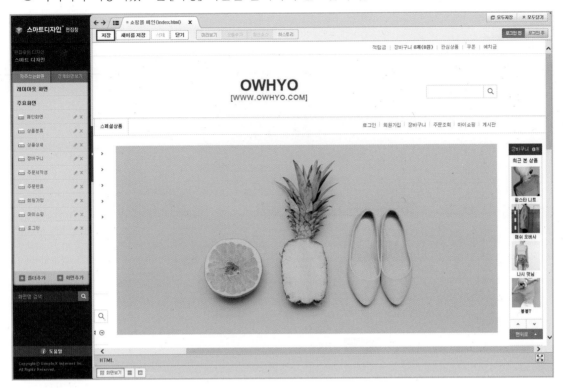

메인 이미지에 상품 링크 걸기

❶ 상품 페이지 주소창의 주소를 복사합니다.

❷ 속성창의 링크에 넣어준 다음 [적용] 버튼을 클릭합니다.

❸ 적용이 완료되었으면 [저장] 버튼을 눌러 완료합니다. 이후부터는 메인 이미지를 클릭하면 링크된 상품 페이지로 이동이 이루어집니다.

메인 상품진열 디자인 수정하기

❶ 메인 추천 상품에 마우스를 가져간 후 [편집] 버튼을 클릭합니다.

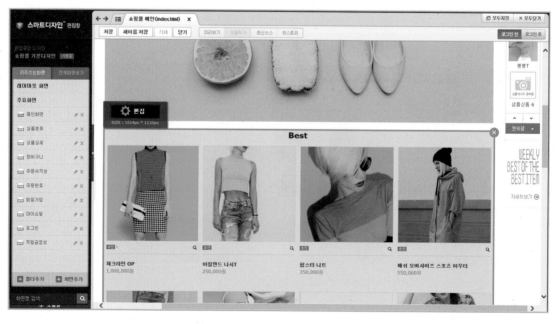

❷ [꾸미기]를 선택한 후 화면에 나타난 디자인 형식 중 원하는 진열 방식을 선택합니다.

❸ [미리보기]를 클릭하면 적용된 모습을 미리 확인할 수 있습니다.

❹ 이상이 없으면 [적용] 버튼을 클릭합니다.

❺ 3단 진열로 변경된 모습을 볼 수 있습니다. [저장] 버튼을 클릭하여 완료합니다.

카테고리 이미지 변경하기

❶ 변경하려는 카테고리 기본 이미지와
롤오버 이미지를 준비한 다음 에디터를 열
어줍니다.

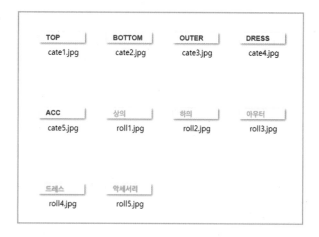

❷ 카테고리에 마우스를 가져간 후 [편집] 버튼을 클릭합니다.

❸ [속성]을 선택합니다.

❹ '메뉴 이미지 사용함'을 체크합니다.

❺ 먼저 기본 이미지를 변경하기 위해 '기본'의 [찾아보기] 버튼을 클릭합니다.

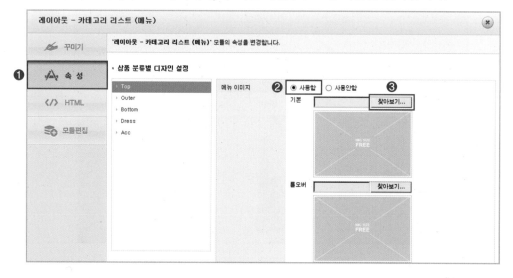

❻ 변경하려는 기본 이미지 파일을 찾아 선택하고 [열기] 버튼을 클릭합니다.

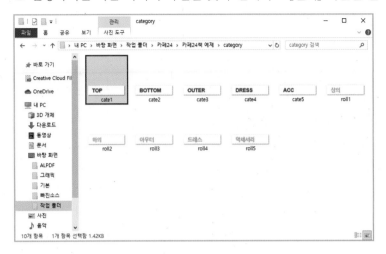

❼ 이어서 롤오버 이미지 [찾아보기] 버튼을 클릭합니다.

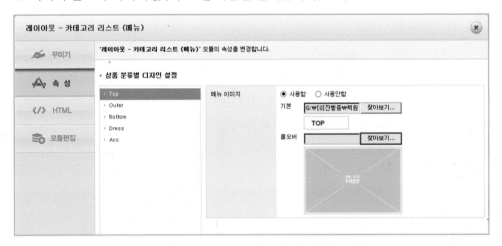

❽ 롤오버 이미지 파일을 찾아 선택하고 [열기] 버튼을 클릭합니다.

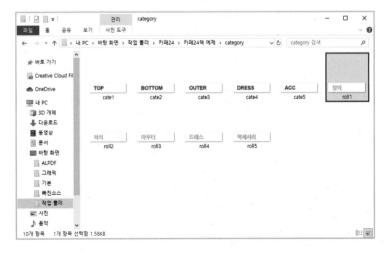

❾ [적용] 버튼을 클릭합니다.

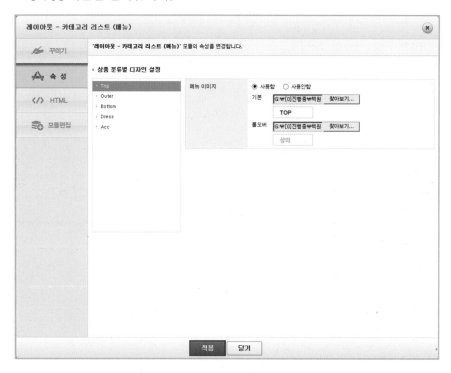

❿ [PC쇼핑몰 바로가기 ] 버튼에서 확인하면 카테고리 이미지가 변경된 상태로 나타나고, 마우스를 가져가면 롤오버 이미지가 적용되는 것을 볼 수 있습니다.

3. 스마트 디자인 이해하기

모듈과 변수의 이해

동영상 강의 보기	QR코드로 바로보기

https://youtu.be/WoWuFd4HPvc

모듈이란 '한 개 또는 그 이상의 콘텐츠와 기능의 묶음'을 말하는 것으로 카페 24의 기능 또는 기능들이 모여 있는 영역을 의미합니다.

스마트 디자인을 사용하다 보면 '변수'라는 용어를 자주 접하게 됩니다. 각각의 변수들은 특정 모듈 안에서 사용되며, 어드민 기능과 연동되는 쇼핑몰의 다양한 기능들을 변수화한 것입니다. 변수는 " {$ " 와 " } "로 감싸는 형태로 만들어집니다.

아래 화면을 보면서 변수의 개념에 대해 알아보겠습니다. 화면에 나오는 소스는 메인 화면의 추천 상품 소스입니다.

소스를 살펴보면 상품목록에서 사용되고 있는 변수와 태그들은 "product_listmain_1"이라는 특정 모듈(module) 안에서 사용되고 있습니다. 이 중에서 3개의 변수로 예를 들어보겠습니다.

❶ {$category_title_text} : 추천상품이라는 타이틀을 노출시킵니다. 이는 '어드민 〉 상품관리'에서 이름을 변경할 수 있으며, 변경한 값이 연동되어 타이틀로 출력됩니다.

❷ {$image_medium} : 상품 이미지 변수로 상품등록시 등록하는 목록 이미지를 노출시킵니다.

❸ {$product_name} : 상품의 상품명을 노출시켜 주는 변수입니다.

모듈 삭제로 깔끔한 쇼핑몰 만들기

■ 메뉴위치 : 디자인관리 > 디자인 수정 버튼

❶ 에디터를 열어줍니다.

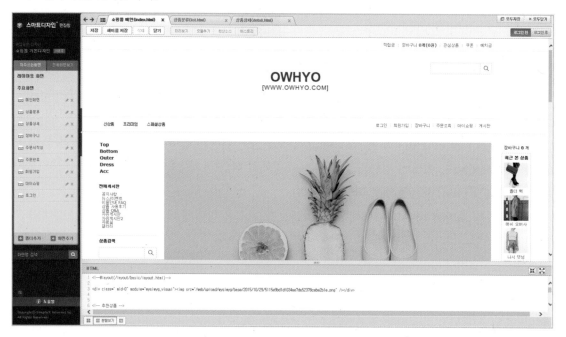

❷ 삭제할 모듈에 마우스를 가져간 후 [×]를 클릭합니다.

❸ 삭제 여부를 묻는 창에서 [확인] 버튼을 클릭합니다.

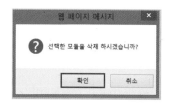

❹ [저장] 버튼을 클릭하여 완료합니다.

❺ 같은 방법으로 필요없는 선들을 삭제합니다.

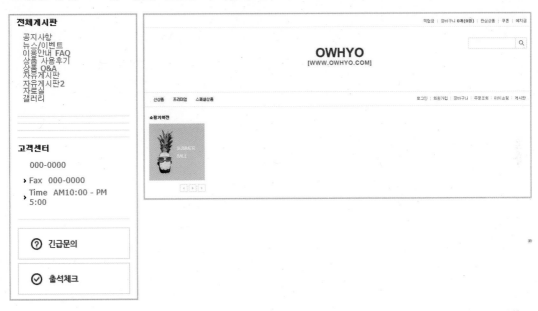

❻ 필요없는 메뉴도 삭제를 합니다.

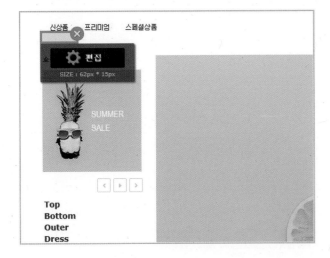

❼ 쇼핑몰 상단 디자인이 더 깔끔하게 변경되었습니다.

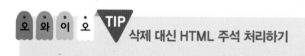 **TIP** 삭제 대신 HTML 주석 처리하기

HTML 주석이란 HTML 문서 내에서 설명글을 쓰거나 화면에서 내용을 가리는 용도로도 쓰입니다. 사용법은
다음과 같습니다.

〈설명글로 쓰였을 때〉
〈!-- 내용 --〉

```
<!-- 추천상품 -->
<div class="mid-0" module="product_listmain_1">
    <!--@css(/css/module/product/listmain_1.css)-->
    <!--
        $count = 20
        $basket_result = /product/add_basket.html
        $basket_option = /product/basket_option.html
    -->
    <h2 class=" txtTitle20B">{$category_title_text}</h2>
    <ul class="prdList  column4  wyImgSizeFlex">
        <li class="item" id="anchorBoxId_{$product_no}">
            <div class="box">
                <a name="anchorBoxName_{$product_no}" href="/product/detail.html{$param}"><img class="thumb" id="{$image_medium_id}" alt="{$seo_alt_tag}" src="{$image_medium}" /></a>
                <div class="status">
                    <div class="icon">{$soldout_icon} {$stock_icon} {$recommend_icon} {$new_icon} {$product_icons} {$benefit_icons}</div>
                    <div class="button"><div class="option">{$option_preview_icon}</div> {$basket_icon} {$zoom_icon}</div>
                </div>
```

모듈을 삭제하게 되면 나중에 다시 복구할 필요가 있을 때 모듈을 추가하거나 기본 디자인을 추가하여 모듈을 복사해야 하는 번거로움이 따릅니다. 그러나 주석을 사용하면 ⟨!— 내용 —⟩으로 모듈을 가려 놓았다가 ⟨!— —⟩ 부분만 지워주면 내용이 바로 나타나기 때문에 사용이 편리합니다.

모듈을 이용하여 추천상품 수 변경하기

동영상 강의 보기	QR코드로 바로보기
https://youtu.be/MBVMDA3q4qo	

메인 페이지에 상품을 계속 등록하다보면 메인 페이지에 노출되는 상품들이 끝도 없이 늘어나게 됩니다. 너무 많은 상품이 나타나면 오히려 주의가 산만해질 수 있어 적절하게 조율하는 것이 필요합니다. 이때 상품을 삭제하지 않고 오래된 상품이 자연적으로 나타나지 않게 하면 편리합니다.

❶ 메인 추천상품을 클릭하면 추천상품 모듈 HTML이 선택됩니다.

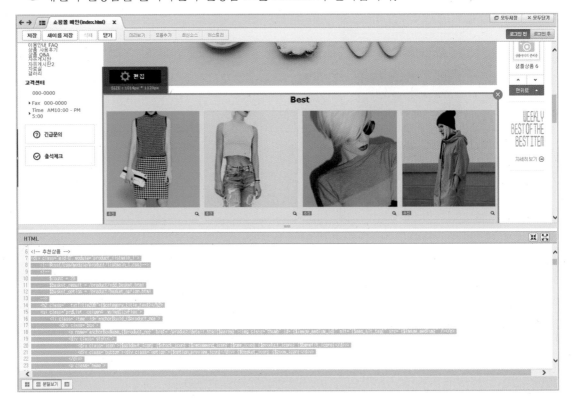

❷ $count 수정하기

나타난 코드에서 '$count' 부분을 찾아 $count = 20을 $count = 32로 수정합니다. $count는 상품 개수를 나타내는 변수로 현재 20이라는 것은 20개의 상품이 노출된다는 뜻입니다. 예를 들어, 4단 진열일 때 5줄의 상품이 노출되는데 이것을 32로 변경하면 8줄의 상품이 노출됩니다.

이 방법은 신상품, 일반상품 모듈도 동일하게 적용됩니다.

```
<!-- 추천상품 -->
<div class="mid-0" module="product_listmain_1">
    <!--@css(/css/module/product/listmain_1.css)-->
    <!--
        $count = 20
        $basket_result = /product/add_basket.html
        $basket_option = /product/basket_option.html
    -->
```

```
<!-- 추천상품 -->
<div class="mid-0" module="product_listmain_1">
    <!--@css(/css/module/product/listmain_1.css)-->
    <!--
        $count = 32
        $basket_result = /product/add_basket.html
        $basket_option = /product/basket_option.html
    -->
```

❸ [저장] 버튼을 클릭하여 완료합니다.

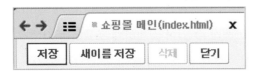

4. 쇼핑몰 페이지 구조 이해하기

동영상 강의 보기	QR코드로 바로보기
https://youtu.be/B7zJq-bSflU	

카페24 페이지 구조

카페24 쇼핑몰은 레이아웃 영역과 컨텐츠 영역이 나뉘어져 있습니다. 이유는 쇼핑몰에서는 로고, 쇼핑몰메뉴, 사업장 주소 등 공통된 부분이 페이지마다 노출되는 부분이 있는데요. 공통된 부분에 대해 반복적인 수정을 하지 않고 한 번에 쇼핑몰을 수정할 수 있게 하기 위해서입니다.

각각의 쇼핑몰마다 레이아웃의 개수가 다르며, 레이아웃 개수만큼 공통된 영역을 수정해 주어야 합니다.

공통 레이아웃 영역	• 모든 페이지에서 공통으로 디자인이 수정되는 영역 • 디자인 수정 시 공통 레이아웃을 불러오는 모든 페이지가 수정된다.
콘텐츠 영역	• 해당 페이지의 특징이 있는 모듈 영역, 각각의 페이지에서 수정 • 디자인 수정 시 해당 페이지에서만 수정된다.

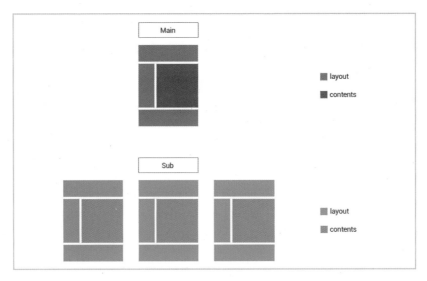

▲ 6-layout

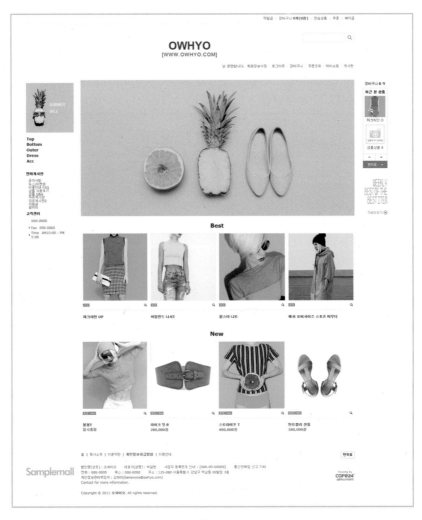

▲ 메인 페이지

▲ 서브페이지–상품 상세페이지

에디터에서 공통 레이아웃 열기

❶ 에디터에서 쇼핑몰 메인 페이지를 열어줍니다. 메인 페이지의 이름은 index.html입니다. 메인 페이지에는 메인 배너 이미지, 추천상품 모듈, 신상품 모듈 등이 있습니다. 화면에서 카테고리와 전체 게시판 등이 보이는 이유는 현재 페이지에서 공통 레이아웃 페이지를 불러오고 있기 때문입니다.

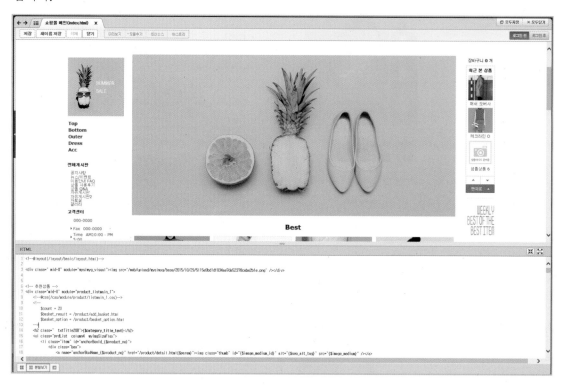

❷ 레이아웃 여는 방법

레이아웃은 두 가지 방법으로 열 수 있습니다.

- **화면에서 열기** : 공통 레이아웃에 있는 모듈인 로고, 카테고리 등을 클릭합니다.
- **코드창에서 열기** : HTML 코드창에서 레이아웃을 불러오는 코드 옆에 마우스를 가져가면 [파일열기] 메뉴가 나타납니다. [파일열기]를 클릭합니다.

```
<!--@layout(/layout/basic/layout.html)-->  [파일열기]

<div class=" mid-0" module="wysiwyg_visual"><img src="/web/upload/wysiwyg/base/2015/10/29/5115e9bd1df034ae7da52378cebe2b1e.png" /></div>


<!-- 추천상품 -->
<div class="mid-0" module="product_listmain_1">
    <!--@css(/css/module/product/listmain_1.css)-->
    <!--
        $count = 20
        $basket_result = /product/add_basket.html
        $basket_option = /product/basket_option.html
    -->
```

❸ 전체화면 보기에서 열기

[전체화면 보기] 탭에서 [레이아웃 〉 기본 레이아웃] 폴더 안에 공통 레이아웃 파일이 존재합니다. 클릭해서 열어줍니다.

❹ 'layout.html'이라는 이름으로 레이아웃 페이지가 열렸습니다.

5. 스마트 디자인 HTML 이해하기

HTML 문서의 기본구조

동영상 강의 보기	QR코드로 바로보기
https://youtu.be/i4FYcxENsgw	

HTML이란 Hyper Text Markup Language의 약자로 인터넷에서 웹 페이지를 만들기 위해 사용하는 언어입니다. HTML에서 사용하는 명령어는 태그(tag)라고 부르며 꺽쇠괄호 "〈 〉"를 이용하여 표현합니다.

일반적으로 태그는 다음과 같이 시작과 끝을 표시하는 2개의 쌍으로 이루어져 있으며, 끝을 표시하는 태그에는 슬래쉬 문자인 ' / ' 가 붙여집니다.

단순한 웹 페이지인 경우 카페24에서 제공하는 모듈만으로 구축이 가능하지만 자신만의 색깔을 입히고, 남과 차별화를 꾀하고 싶으면 HTML을 알아두는 것이 큰 자산이 됩니다. 여기서는 간략한 HTML 사용법에 대한 개념만 다루어 보겠습니다.

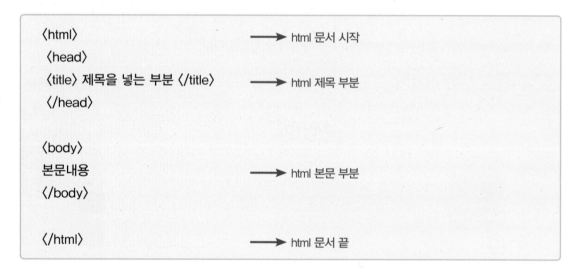

```
〈html〉                                  ——→ html 문서 시작
   〈head〉
   〈title〉 제목을 넣는 부분 〈/title〉       ——→ html 제목 부분
   〈/head〉


   〈body〉
   본문내용                               ——→ html 본문 부분
   〈/body〉


〈/html〉                                 ——→ html 문서 끝
```

다음은 HTML의 구조로 표현된 카페24의 공통 레이아웃 파일 예입니다.

```
  1    <!DOCTYPE html PUBLIC "-//W3C//DTD XHTML 1.0 Transitional//EN"
       "http://www.w3.org/TR/xhtml1/DTD/xhtml1-transitional.dtd">
  2 ▼ <html lang="ko" lang="ko" xml:lang="ko" xmlns="http://www.w3.org/1999/xhtml">
  3 ▶ <head> ··· </head>
 26 ▶ <body> ··· </body>
463    </html>
```

| 행 463, 열 8 — 463행 | | INS | HTML ▼ | ◯ | 스페이스: 4 |

다음은 카페24 공통레이아웃의 하단에 나타나는 회사정보에 대한 HTML 파일 예입니다.

layout.html

```
413
414 ▼    <div module="Layout_footer" class="mid-0">
415         <!--@css(/css/module/layout/footer.css)-->
416 ▼       <ul class="utilMenu txtBase">
417             <li class=" home "><a href="/index.html">홈</a></li>
418             <li><a href="/shopinfo/company.html">회사소개</a></li>
419             <li><a href="/member/agreement.html">이용약관</a></li>
420             <li><a href="/member/privacy.html"><strong>개인정보취급방침</strong>
        </a></li>
421             <li><a href="/shopinfo/guide.html">이용안내</a></li>
422         </ul>
423 ▼       <p class="address">
424             <span class=" txtBase">법인명(상호) : {$company_name} </span> <span
        class=" txtBase">대표자(성명) : {$president_name}</span> <span class="
        txtBase">사업자 등록번호 안내 : [{$company_regno}]</span> <span class="
        txtBase">통신판매업 신고 {$network_regno}</span> <span class=" txtBase">
        {$biz_no_link}</span> <br />
425             <span class=" txtBase">전화 : {$phone}</span> <span class="
        txtBase">팩스 : {$fax}</span> <span class=" txtBase">주소 : {$mall_zipcode}
        {$mall_addr1} {$mall_addr2}</span><br />
426             <span class=" txtBase">개인정보관리책임자 : <a href="mailto:
        {$cpo_email}">{$cpo_name}({$cpo_email})</a></span><br />
427             <span class=" txtBase">Contact <strong><a href="mailto:{$email}">
        {$email}</a></strong> for more information.</span>
428         </p>
429         <p class="copyright  txtBase">Copyright © 2011 <strong>{$mall_name}
        </strong>. All rights reserved.</p>
430         <p class="pageTop"><a href="#header" class="btnNormal" title="화면 최
```
행 463, 열 8 — 463행   INS   HTML ▼ ○   스페이스: 4

실제로 화면에는 다음과 같이 변환되어 보여집니다.

HTML을 쓰는 방법

HTML은 앞에서 간단하게 설명했듯이 여는 태그와 닫는 태그의 2개 쌍으로 구성되어 있으며, 닫는 태그에는 ' / '를 붙이게 되어 있습니다.

예

〈html〉	〈/html〉
〈head〉	〈/head〉
〈title〉	〈/title〉
〈body〉	〈/body〉

이와는 별도로 img, br 태그처럼 2개의 쌍이 아닌 단독으로 사용되는 명령어 태그도 있습니다.

> **예**
>
> ⟨img src="model.jpg"⟩
>
> ⟨br⟩

기초 HTML과 속성 알아보기

❶ 이미지 태그 : img

화면에 이미지가 나타나도록 해주는 태그입니다.

동영상 강의 보기	QR코드로 바로보기
https://youtu.be/WlcSYms68VY	

> **문법**
>
> ⟨img src="이미지 주소"⟩
>
> ⟨img src="이미지 주소" alt="이미지 설명"⟩

> **예 1**
>
> ⟨img src="http://img.echosting.cafe24.com/design/skin/mono/kv_layout.jpg" alt="로고"⟩

'http://img.echosting.cafe24.com/design/skin/mono/' 주소에 있는 'kv_layout.jpg' 로고 파일을 화면에 보여달라는 명령으로 실행시 해당 파일이 화면에 나타납니다.

> **예 2**
>
> ⟨img src="http://owhyoshop.cafe24.com/web/product/medium/201510/18_shop1
> _498142.jpg" alt="체크라인 원피스"⟩

역시 'http://owhyoshop.cafe24.com/web/product/ medium/201510/' 주소에 있는 '18_shop1_498142. jpg' 파일을 화면에 보여달라는 명령으로 실행시 해당 파일이 화면에 나타납니다.

추천 🔍

체크라인 OP
1,000,000원

❷ 링크 태그 : a

클릭시 원하는 이미지나 페이지로 찾아갈 수 있도록 링크를 거는 태그입니다.

동영상 강의 보기	QR코드로 바로보기
https://youtu.be/au-_pHMJGE0	

문법

〈a href="열리는 페이지 주소"〉클릭되는 글씨 또는 이미지 〈/a〉

예 1 텍스트에 적용하는 경우

```
test1.html - 메모장
파일(F) 편집(E) 서식(O) 보기(V) 도움말(H)
<html>
<head>
<title>오와이오</title>
</head>
<body>
<a href="http://www.owhyo.com/">오와이오</a>
</body>
</html>
```

'오와이오'란 텍스트에 링크를 걸고 클릭시 'http://www.owhyo.com' 주소로 찾아가라는 의미입니다. 텍스트에 링크가 걸린 경우는 아래 그림처럼 텍스트에 밑줄이 쳐진 상태로 나타납니다. '오와이오'를 마우스로 클릭하면 해당 주소에 있는 화면이 나타납니다.

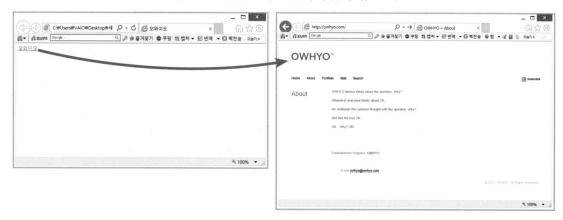

예 2 · 이미지에 적용하는 경우

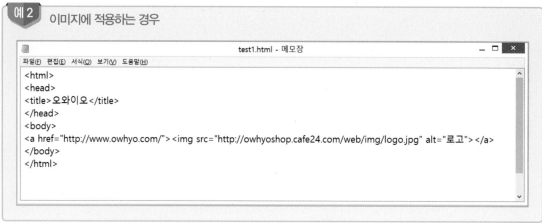

'logo.jog'란 이미지 파일에 링크를 걸고 클릭시 'http://www.owhyo.com' 주소로 찾아가라는 의미입니다. 아래 그림에서 로고 이미지를 클릭하면 해당 주소에 있는 화면이 나타납니다.

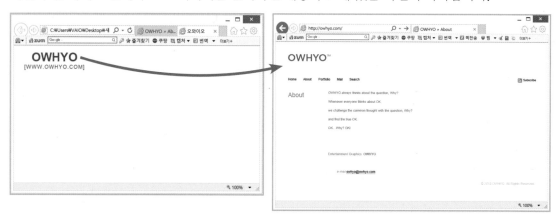

❸ 제목 태그 : h1~h6

제목을 나타낼 때 사용하는 태그로 글자 크기를 숫자로 지정하여 출력합니다.

동영상 강의 보기	QR코드로 바로보기
https://youtu.be/nankb9Vh0Mc	

문법

〈h1〉 제목 〈/h1〉

예 1

실행결과

```
<h1>카페24 쇼핑몰 만들기</h1>
<h2>카페24 쇼핑몰 만들기</h2>
<h3>카페24 쇼핑몰 만들기</h3>
<h4>카페24 쇼핑몰 만들기</h4>
<h5>카페24 쇼핑몰 만들기</h5>
<h6>카페24 쇼핑몰 만들기</h6>
```

카페24 쇼핑몰 만들기

카페24 쇼핑몰 만들기

카페24 쇼핑몰 만들기

카페24 쇼핑몰 만들기

카페24 쇼핑몰 만들기

카페24 쇼핑몰 만들기

예 2

```
<h1 class="mid-0" module="Layout_LogoTop">
    <!--@css(/css/module/layout/logotop.css)-->
    <a href="/index.html"><img src="/web/upload/wysiwyg/base/2015/10/29/04d7fec032ed17c0a7eb40f0254f6c07.png" /></a>
</h1>
```

전체적으로 h1 태그가 적용되어 있습니다.

❹ 줄바꿈, 문단 태그 : br, p

줄바꿈이나 문단을 나타낼 때 사용하는 태그입니다.

문법

〈br〉: 줄바꿈 태그로 Enter 키의 효과를 나타냅니다.
〈p〉: 두 줄의 띄어 하나의 문단을 나타냅니다.

예 1

<p>모든 국민은 보건에 관하여 국가의 보호를 받는다. 국회의원의 선거구와 비례대표제 기타 선거에 관한 사항은 법률로 정한다. </p>
<p> 국가는 평생교육을 진흥하여야 한다. 대한민국의 국민이 되는 요건은 법률로 정한다. </p>
<p> 주거에 대한 압수나 수색을 할 때에는 검사의 신청에 의하여 법관이 발부한 영장을 제시하여야 한다. </p>

실행결과

모든 국민은 보건에 관하여 국가의 보호를 받는다. 국회의원의 선거구와 비례대표제 기타 선거에 관한 사항은 법률로 정한다.

국가는 평생교육을 진흥하여야 한다. 대한민국의 국민이 되는 요건은 법률로 정한다.

주거에 대한 압수나 수색을 할 때에는 검사의 신청에 의하여 법관이 발부한 영장을 제시하여야 한다.

❺ 목록 태그 : ul, ol, li

목록을 나타낼 때 사용하는 태그로 쇼핑몰의 카테고리, 상품 목록, 게시판 목록 등에서 다양하게 사용하고 있는 기능입니다.

동영상 강의 보기	QR코드로 바로보기
https://youtu.be/0ofc4H7hHug	

문법1

```
<ul>
    <li> 항목 </li>
</ul>
```

순서없는 목록 태그를 표현해줍니다.

예 1

실행결과 : ' • ' 표시가 붙어서 화면에 표현됩니다.

```
<ul>
        <li>Top</li>
        <li>Outer</li>
        <li>Pants</li>
        <li>Dress</li>
        <li>Acc</li>
</ul>
```

- Top
- Outer
- Pants
- Dress
- Acc

```
<ol>
    <li> 항목 </li>
</ol>
```

순서있는 목록 태그를 보여주는 명령으로 위 예제에서 '•' 표시 대신 일련번호가 붙어서 표시됩니다.

❻ 분할영역 태그 : div

박스를 만드는 태그로 박스 모듈이라고도 합니다. 쇼핑몰의 레이아웃과 모듈 영역을 만드는 태그입니다.

동영상 강의 보기	QR코드로 바로보기
https://youtu.be/RwA4OU2wnHM	

```
<div>  </div>
```

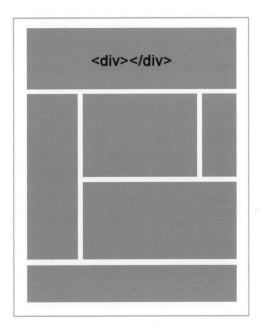

6. 쇼핑몰에 배너 노출하기

배너란 홈페이지의 한쪽 구석에 특정 웹 사이트의 이미지를 실어 홍보하는 그래픽 이미지를 의미합니다. 처음에는 사각형 모양에 로고 등을 실어 클릭시 이동하도록 단순한 형태로 시작했으나, 요즘에는 동영상을 넣거나 마우스를 움직이면 따라 움직이는 등 다양하게 변화하고 있습니다.

FTP로 이미지 업로드하기
배너 이미지를 노출하기 위해 파일을 업로드하는 기능입니다.

■ 메뉴위치 : 디자인 > 웹 FTP > 웹 FTP 접속
■ 메뉴위치 : 디자인 > 파일 업로더

❶ [파일 업로더 접속] 버튼을 클릭합니다.

❷ 파일 업로더 화면이 나타나면 이미지를 업로드하기 위해 폴더를 만들어 줍니다. web 폴더를 클릭합니다.

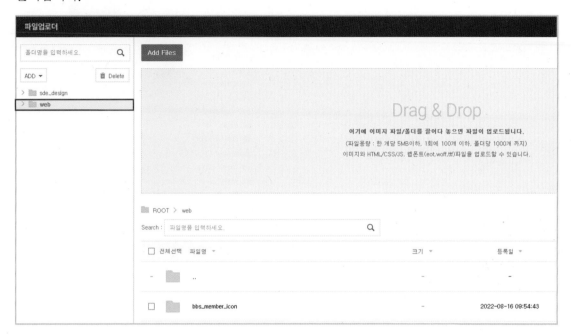

❸ [Add]를 클릭하고 [하위 폴더]를 선택합니다.

❹ 영문으로 이미지 폴더 이름을 작성하고 Enter 를 클릭합니다. 책에서는 'img'로 입력했습니다.

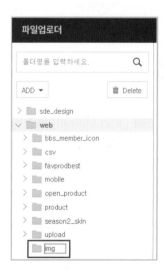

❺ 'img' 폴더가 생성되었습니다. 파일을 업로드하기 위해 [Add Files] 버튼을 클릭합니다.

❻ 업로드 할 배너 이미지들을 선택하고 [열기] 버튼을 클릭합니다.

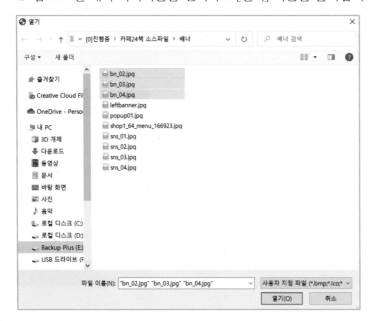

❼ [Start Upload] 버튼을 클릭합니다.

❽ 파일이 업로드 되었습니다.

전체선택	파일명 ▾	크기 ▾	등록일 ▾	주소복사	다운로드	삭제
ROOT > web > img						
Search : 파일명을 입력하세요.					30개씩 보기 ▾	
–	..	–	–	–	–	–
☐	bn_02.jpg	2.13KB	2023-02-22 17:07:43	복사	다운로드	삭제
☐	bn_03.jpg	2.04KB	2023-02-22 17:07:43	복사	다운로드	삭제
☐	bn_04.jpg	10.52KB	2023-02-22 17:07:43	복사	다운로드	삭제

❾ 업로드된 이미지들입니다.

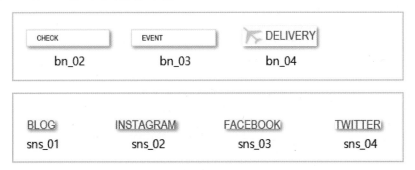

퀵배너 등록하기

어느 쇼핑몰을 가면 화면상에서 마우스로 스크롤할 때마다 따라다니는 배너를 볼 수 있습니다. 이러한 퀵배너에 배송조회 배너를 등록해 보겠습니다.

동영상 강의 보기	QR코드로 바로보기
https://youtu.be/63mG-KjyBv0	

❶ 업로드되어 있는 파일 중 등록할 파일을 클릭합니다.

❷ [URL복사]를 클릭하면 이미지 주소가 복사됩니다.

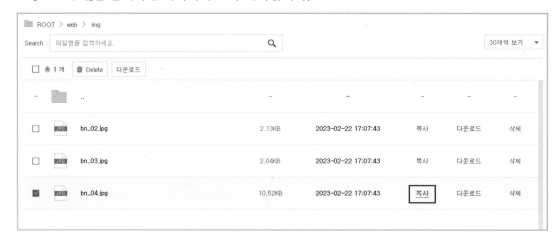

여기서는 'bn_04.jpg'를 퀵배너로 등록해 보겠습니다.

❸ [확인] 버튼을 클릭합니다.

❹ 메모장을 열어서 복사한 url을 메모장에 붙여넣기 합니다.

❺ a 태그와 img 태그를 작성합니다.

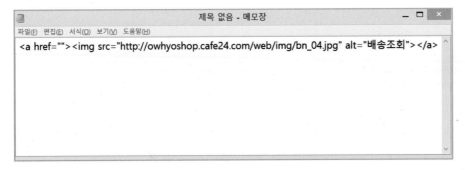

```
<a href=""><img src="http://owhyoshop.cafe24.com/web/img/bn_04.jpg" alt="배송조회"></a>
```

❻ 계약한 택배사의 사이트를 열어서 배송조회 페이지의 주소를 복사합니다.

❼ 〈a href=""〉 "" 사이에 복사한 주소를 붙여넣기 합니다.

```
<a href="https://www.doortodoor.co.kr/parcel/pa_004.jsp"><img
src="http://owhyoshop.cafe24.com/web/img/bn_04.jpg" alt="배송조회"></a>
```

❽ href 속성이 끝나는 곳 뒤에서 띄어쓰기를 하고 새 창 열기 속성을 입력합니다.

◆ 새 창 열기 속성 : target="_blank" 코드를 전체 복사합니다.

❾ 에디터를 열어줍니다. 퀵배너의 가장 위의 모듈인 장바구니 모듈을 클릭합니다.

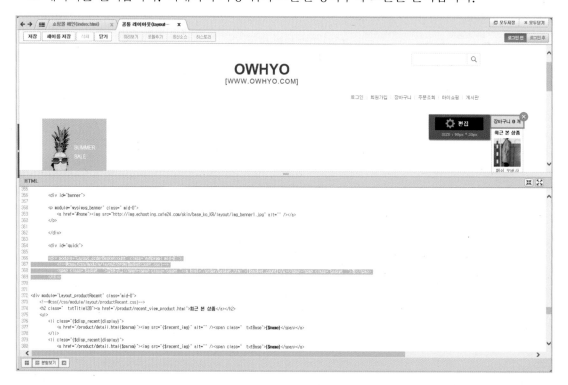

⑩ 장바구니 모듈 코드 위에 복사한 HTML을 붙여넣기 합니다.

```
<div id="quick">
<a href="https://www.doortodoor.co.kr/parcel/pa_004.jsp" target="_blank"><img src="http://owhyoshop.cafe24.com/web/img/bn_04.jpg" alt="배송조회"></a>

<div module="Layout_orderBasketcount" class="wyNormal mid-0 ">
    <!--@css(/css/module/layout/orderBasketcount.css)-->
    <span class="basket  ">장바구니</span><span class="count "><a href="/order/basket.html">{$basket_count}</a></span><span class="basket  ">개</span>
</div>
```

⑪ 제대로 처리가 되었나 보기 위해 [미리보기] 버튼을 클릭합니다.

⑫ 배송조회 배너 이미지가 나타나면 [저장] 버튼을 클릭합니다.

⑬ 상단에 있는 [PC쇼핑몰 바로가기 🖥] 버튼을 클릭합니다.

⑭ 배송조회 배너가 등록된 것을 볼 수 있습니다. 마우스 스크롤을 내리면 배너가 따라 내려옵니다.

⑮ 배너를 클릭하면 새창으로 배송조회 페이지가 열립니다.

오와이오 TIP 퀵배너에 다른 배너 추가하기

배송조회 배너 아래에 SNS 배너들을 등록해 보겠습니다.

FTP를 할 때 같은 경로에 이미지를 업로드했기 때문에 파일명 앞에 주소가 모두 같습니다. 따라서 새로 코드를 모두 작성할 필요없이 배송조회 배너 코드를 전체 복사하고 코드 바로 아래 붙여넣기 합니다. 그리고 아래 내용만 수정해 주면 됩니다.

❶ 파일명 수정
❷ alt 값 수정
❸ 페이지 주소 수정

이지 주소가 아직 없거나 나중에 넣을 때에는 임시주소로 #을 넣어둡니다.
〈a href="#"〉〈/a〉
sns 배너 역시 타사이트로 연결되기 때문에 팝업 창 형태로 열기 위해 target="_blnak" 속성을 그대로 써줍니다.

```
<div id="quick">
  <a href="https://www.doortodoor.co.kr/parcel/pa_004.jsp" target="_blank"><img src="http://owhyoshop.cafe24.com/web/img/bn_04.jpg" alt="배송조회"></a>
  <a href="#" target="_blank"><img src="http://owhyoshop.cafe24.com/web/img/sns_01.jpg" alt="블로그"></a>
  <a href="#" target="_blank"><img src="http://owhyoshop.cafe24.com/web/img/sns_02.jpg" alt="인스타그램"></a>
  <a href="#" target="_blank"><img src="http://owhyoshop.cafe24.com/web/img/sns_03.jpg" alt="페이스북"></a>
  <a href="#" target="_blank"><img src="http://owhyoshop.cafe24.com/web/img/sns_04.jpg" alt="트위터"></a>
  <div module="Layout_orderBasketcount" class="wyNormal mid-O">
    <!--@css(/css/module/layout/orderBasketcount.css)-->
    <span class="basket  ">장바구니</span><span class="count "><a href="/order/basket.html">{$basket_count}</a></span><span class="basket  ">개</span>
  </div>
</div>
```

[미리보기] 버튼을 클릭하여 배너 이미지가 잘 등록되었다면 [저장] 버튼을 클릭합니다.

❹ 장바구니 모듈은 상단에도 있을 뿐 아니라 등록한 배너들과 어울리지 않기 때문에 [×]를 눌러서 삭제합니다. 삭제하는 대신 〈!-- 장바구니 모듈 --〉 형태로 주석 처리를 해주어도 됩니다.

⓰ 상단에 있는 [PC쇼핑몰 바로가기 🖥]를 눌러서 쇼핑몰을 확인하면 오른쪽 퀵배너 영역이 완성된 것을 볼 수 있습니다.

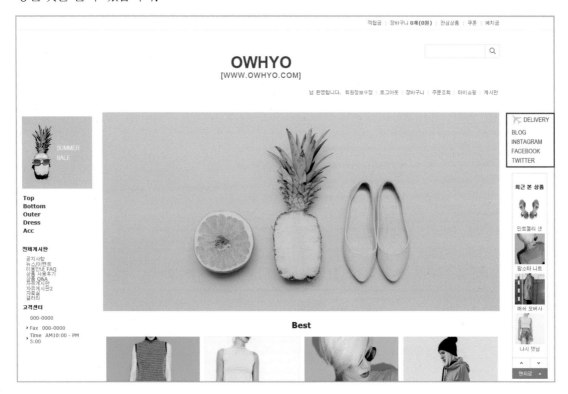

일반 배너 등록하기

여기에서는 'bn_02.jpg'와 'bn_03.jpg'를 배너로 등록해 보겠습니다.

❶ 두 배너의 코드를 작성합니다.

❷ 앞 뒤로 문단 태그인 〈p〉 태그를 작성해 줍니다.

❸ 전체 코드를 복사합니다.

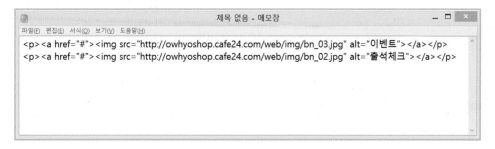

❹ 에디터를 열어줍니다. 카테고리와 게시판 모듈 사이에 배너를 등록하겠습니다. 카테고리 모듈을 클릭합니다.

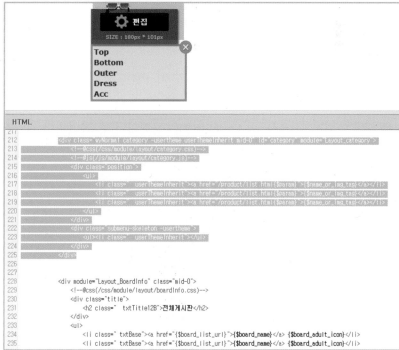

❺ 카테고리 모듈 HTML 아래에 복사한 코드를 붙여넣기 합니다.

```
    <div class="position">
        <ul>
            <li class=" userThemeInherit"><a href="/product/list.html{$param}">{$name_or_img_tag}</a></li>
            <li class=" userThemeInherit"><a href="/product/list.html{$param}">{$name_or_img_tag}</a></li>
            <li class=" userThemeInherit"><a href="/product/list.html{$param}">{$name_or_img_tag}</a></li>
        </ul>
    </div>
    <div class="submenu-skeleton -usertheme">
        <ul><li class=" userThemeInherit"></ul>
    </div>
</div>


  <p><a href="#"><img src="http://owhyoshop.cafe24.com/web/img/bn_03.jpg" alt="이벤트"></a></p>
  <p><a href="#"><img src="http://owhyoshop.cafe24.com/web/img/bn_02.jpg" alt="출석체크"></a></p>



<div module="Layout_BoardInfo" class="mid-0">
    <!--@css(/css/module/layout/boardInfo.css)-->
    <div class="title">
        <h2 class=" txtTitle12B">전체게시판</h2>
    </div>
```

❻ [미리보기] 버튼을 클릭합니다.

❼ 배너 이미지가 나타나면 [저장] 버튼을 클릭합니다. 화면처럼 배너가 붙어서 나올 경우 CSS로 여백을 적용합니다. 이 기능은 뒤에서 다루기로 합니다.

7. 새 페이지 만들기

앞에서 등록한 두 배너에는 링크 주소가 들어가 있지 않습니다. 배너에 링크 주소를 넣어야 하는데 이벤트 페이지는 배송조회 페이지처럼 주소가 이미 있거나 상품 분류, 상품 페이지처럼 상품등록을 해서 나오는 페이지가 아닙니다. 이처럼 쇼핑몰에 존재하지 않는 페이지가 필요한 경우 새 페이지를 만들어야 합니다.

이벤트 페이지 만들기

동영상 강의 보기	QR코드로 바로보기
https://youtu.be/O29egfmAxMY	

❶ 이벤트 페이지에 필요한 이미지가 있다면 먼저 FTP를 합니다. 여기서는 eventdetail.jpg 파일을 업로드 하였습니다.

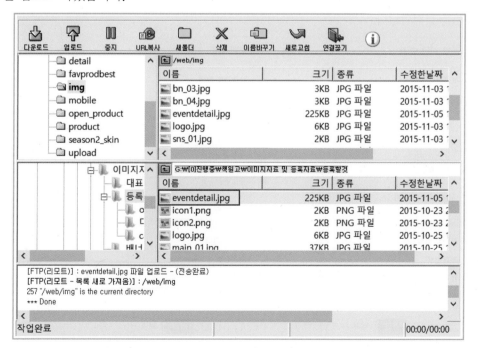

❷ 에디터를 열어줍니다.

❸ [화면추가] 버튼을 클릭합니다.

❹ layout 폴더의 basic 폴더 안에 페이지를 만들기 위해 각 폴더를 클릭합니다.

❺ 파일명을 '파일명.html' 형식으로 작성합니다.

❻ [저장] 버튼을 클릭합니다.

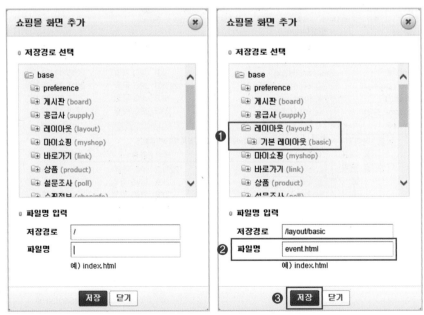

❼ event.html 페이지가 나타났습니다. 레이아웃이 나타나는 이유는 HTML 코드창을 보면 layout.html을 불러오고 있기 때문입니다.

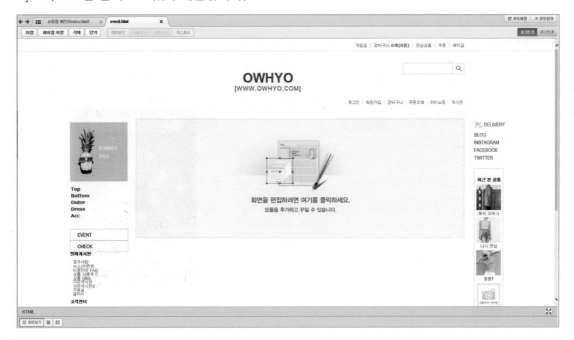

❽ 아래 작성된 div는 샘플 모듈이기 때문에 삭제합니다.

```
HTML
1  <!--@layout(/layout/basic/layout.html)-->
2
3  <div module="Layout_Dummy"></div>
```

❾ eventdetail.jpg의 이미지 태그를 작성합니다.

```
HTML
1  <!--@layout(/layout/basic/layout.html)-->
2
3  <img src="http://owhyoshop.cafe24.com/web/img/eventdetail.jpg" alt="이벤트">
```

❿ [미리보기]를 클릭하여 이미지가 제대로 나타나는지 확인합니다.

⓫ [저장] 버튼을 클릭하여 event.html 페이지를 저장합니다.

[미리보기] 버튼을 클릭하면 이미지가 가운데 정렬이 됩니다.

배너에 새 페이지 링크시키기

❶ 에디터의 화면 영역에서 [EVENT] 배너를 클릭하면 코드가 선택됩니다.

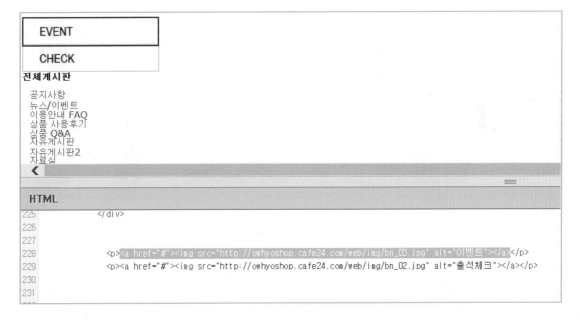

❷ 〈a href="#"〉에서 #을 지우고 layout/basic/event.html을 입력합니다. 새 페이지로 저장한 이벤트 페이지의 주소입니다.

```
<p><a href="layout/basic/event.html"><img src="http://owhyoshop.cafe24.com/web/img/bn_03.jpg" alt="이벤트"></a></p>
<p><a href="#"><img src="http://owhyoshop.cafe24.com/web/img/bn_02.jpg" alt="출석체크"></a></p>
```

❸ [저장] 버튼을 클릭합니다.

❹ [PC쇼핑몰 바로가기 ▢] 버튼을 클릭해서 쇼핑몰을 열어줍니다.

❺ [이벤트 배너]를 클릭합니다.

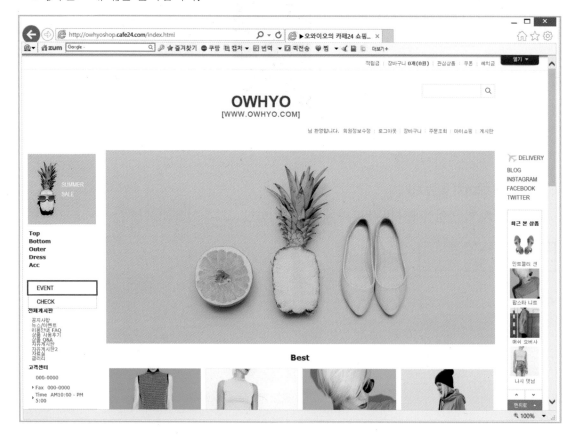

❻ 이벤트 페이지가 연결되었습니다.

오 와 이 오 **TIP**

쇼핑몰에 동영상 배너 넣기

❶ 유튜브에 동영상을 업로드 합니다.

❷ 동영상 아래 [공유] 버튼을 클릭합니다.

❸ 소스 코드를 선택하고 소스를 복사합니다.

❹ 배너를 등록할 위치를 코드창에서 선택한 후 복사한 코드를 붙여넣기 합니다.

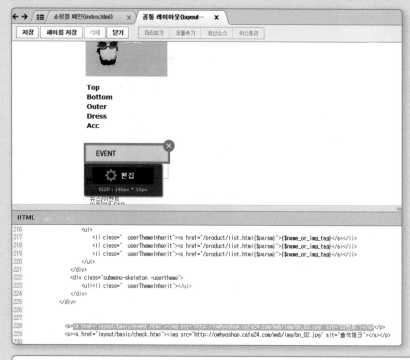

```
<iframe width="560" height="315" src="https://www.youtube.com/embed/DSI17058u6Q" frameborder="0" allowfullscreen></iframe>

<p><a href="layout/basic/event.html"><img src="http://owhyoshop.cafe24.com/web/img/bn_03.jpg" alt="이벤트"></a></p>
<p><a href="layout/basic/check.html"><img src="http://owhyoshop.cafe24.com/web/img/bn_02.jpg" alt="출석체크"></a></p>
```

❺ 동영상의 가로 크기와 세로 크기 부분을 디자인에 맞게 수정합니다.

```
<iframe width="180" height="90"
```

❻ [미리보기] 버튼을 클릭하여 이미지가 제대로 나타나면 [저장] 버튼을 클릭하여 완성합니다.

8. CSS를 이용한 디자인 수정하기

CSS(Cascading Style Sheet)란?

동영상 강의 보기	QR코드로 바로보기
https://youtu.be/H_W1J5CJF6I	

    CSS란 웹 문서의 전반적인 스타일을 미리 저장해 둔 스타일시트입니다. 기존의 HTML을 이용해서 웹 페이지를 만들 경우 글꼴이나 양식들을 일일이 지정해주어야 합니다. 하지만 CSS를 이용하여 웹 페이지의 스타일을 미리 저장해 두면 웹 페이지의 한 가지 요소만 변경해도 관련되는 전체 페이지의 내용이 한꺼번에 변경되므로 매우 편리합니다. 또한 자주 사용하는 스타일(디자인)을 미리 만들어둔 다음 특정 이름으로 스타일을 불러와서 사용할 수도 있습니다. 장점은 코드의 관리와 수정이 쉬워지고 웹페이지를 로딩하는 속도가 빨라지며 웹페이지 작성 시간이 줄어듭니다.

    작성 방법은 아래와 같습니다.

h1 { color: red; }
선택자   스타일 속성   스타일 값

카페24의 CSS

동영상 강의 보기	QR코드로 바로보기
https://youtu.be/sH9miKYSTS0	

카페24는 대부분 스타일시트 파일을 따로 호출하는 외부 스타일시트를 사용합니다.

❶ commom.css와 layout.css

에디터를 열고 HTML 창에서 layout.html 파일을 열어줍니다.

```
HTML
1   <!--@layout(/layout/basic/layout.html)--> [파일열기]
2
3   <div class=" mid-0" module="wysiwyg_visual"><img src="/web/upl
4
```

〈tilte〉아래에 보면 CSS를 불러오는 코드가 있습니다.

- commom.css : 전체 페이지에 영향을 주는 css로 태그 리셋 관련된 css가 있습니다.
- layout.css : 쇼핑몰의 레이아웃 관련된 css가 있습니다.
- theme.css : 쇼핑몰의 스킨 디자인에 관련된 css가 있습니다.
- usercustom.css : 기본 스킨에서 빈 문서이며 내가 만든 css를 넣을 수 있습니다.

```
HTML

1  k!DOCTYPE html PUBLIC "-//W3C//DTD XHTML 1.0 Transitional//EN" "http://www.w3.org/TR/xhtml1/DTD/xhtml1-transitional.dtd">
2  <html lang="ko" lang="ko" xml:lang="ko" xmlns="http://www.w3.org/1999/xhtml">
3  <head>
4      <meta http-equiv="X-UA-Compatible" content="IE=edge" />
5
6
7
8      <!--PG크로스브라우징필수내용 시작-->
9      <meta http-equiv="Cache-Control" content="no-cache" />
10     <meta http-equiv="Expires" content="0" />
11     <meta http-equiv="Pragma" content="no-cache" />
12     <!--PG크로스브라우징필수내용 끝-->
13
14     <title>기본 레이아웃</title>
15     <!--@css(/layout/basic/css/common.css)--><!--해당 CSS는 쇼핑몰 전체 페이지에 영향을 줍니다. 삭제와 수정에 주의해주세요.-->
16     <!--@css(/layout/basic/css/layout.css)-->
17     <!--@css(/layout/basic/css/theme.css)-->
18     <!--@css(/layout/basic/css/usercustom.css)-->
19
20     <!-- 스마트디자인에서는 JQuery 1.4.4 버전이 내장되어있습니다. 추가로 호출하면 충돌이 생길 수 있습니다. -->
21     <!--@js(/layout/basic/js/basic.js)-->
22     <!--@js(/js/module/layout/quick_view.js)-->
23     <!--@js(/layout/basic/js/table_last.js)--><!-- 테이블 테마3 처리를 위한 스크립트입니다. -->
24     <script src="/ec-js/common.js" type="text/javascript"></script><!-- 해당 JS는 플래시를 사용하기 위한 스크립트입니다. -->
```

CSS를 불러오는 코드의 오른쪽에 마우스를 가져가면 '파일열기' 글씨가 나타납니다.

```
<title>기본 레이아웃</title>
<!--@css(/layout/basic/css/common.css)--><!--해당 CSS는 쇼핑몰 전체 페이지에 영향을 줍니다. 삭제와 수정에 주의해주세요.-->
<!--@css(/layout/basic/css/layout.css)-->  [파일열기]
<!--@css(/layout/basic/css/theme.css)-->
<!--@css(/layout/basic/css/usercustom.css)-->
```

'파일 열기'를 클릭하면 CSS 파일이 열립니다.

❷ 모듈 CSS

카페24에서는 위의 CSS 파일 외에 모듈에 각각 연결된 CSS 파일이 있습니다.

– 로고 모듈 CSS

```
<h1 class="mid-0" module="Layout_LogoTop">
    <!--@css(/css/module/layout/logotop.css)-->
    <a href="/index.html"><img src="/web/upload/wysiwyg/base/2015/10/29/04d7fec032ed17c0a7eb40f0254f6c07.png" /></a>
</h1>
```

– 추천상품 모듈 CSS

```
<!-- 추천상품 -->
<div class="mid-O" module="product_listmain_1">
    <!--@css(/css/module/product/listmain_1.css)-->
    <!--
        $count = 32
        $basket_result = /product/add_basket.html
        $basket_option = /product/basket_option.html
    -->
    <h2 class=" txtTitle20B">{$category_title_text}</h2>
    <ul class="prdList column4 wylmgSizeFlex">
        <li class="item" id="anchorBoxId_{$product_no}">
            <div class="box">
```

CSS의 사용법

스타일 시트를 사용하는 방법은 크게 세 가지로 나누어집니다.

❶ 인라인 – body 내부에 스타일을 코딩합니다.

```
1   <!DOCTYPE html>
2 ▼ <html lang="ko">
3 ▼ <head>
4       <meta charset="UTF-8">
5       <title>Document</title>
6   </head>
7 ▼ <body>
8       <p style="color:#0000FF"> 파란색으로나오게된다!!! </p>
9   </body>
10  </html>
```

▲ 결과 화면

❷ 내부 – head 안에 스타일을 코딩합니다.

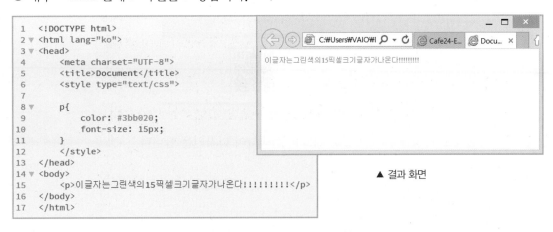

```
1   <!DOCTYPE html>
2 ▼ <html lang="ko">
3 ▼ <head>
4       <meta charset="UTF-8">
5       <title>Document</title>
6       <style type="text/css">
7
8 ▼     p{
9           color: #3bb020;
10          font-size: 15px;
11      }
12      </style>
13  </head>
14 ▼ <body>
15      <p>이글자는그린색의15픽셀크기글자가나온다!!!!!!!!!!</p>
16  </body>
17  </html>
```

▲ 결과 화면

❸ 외부 – 다른 파일에 있는 스타일을 호출합니다. 카페24에서 주로 쓰이는 방법입니다.

test.html   style.css

```
1   <!DOCTYPE html>
2 ▼ <html lang="ko">
3 ▼ <head>
4       <meta charset="UTF-8">
5       <title>Document</title>
6       <link rel="stylesheet" type="text/css" href="style.css">
7   </head>
8 ▼ <body>
9       <p>여기 이 글자는 자주색 입니다.</p>
10  </body>
11  </html>
```

▲ test.html

```
1   @charset"utf-8";
2 ▼ p{
3   color : #FF00FF;
4   }
```

▲ stlye.css

▲ 결과 화면

class 선택자

동영상 강의 보기	QR코드로 바로보기

https://youtu.be/tjwyVhZrgGc

❶ class : 클래스 속성을 가지고 있는 태그를 선택하여 디자인을 합니다.

– html 파일

태그에 class 속성을 입력합니다.

```
 1    <!DOCTYPE html>
 2 ▼  <html lang="ko">
 3 ▼  <head>
 4        <meta charset="UTF-8">
 5        <title>Document</title>
 6        <link rel="stylesheet" type="text/css" href="style.css">
 7    </head>
 8 ▼  <body>
 9        <h1 class="logo1">cafe24</h1>
10        <h1 class="logo2">cafe24</h1>
11    </body>
12    </html>
```

– CSS 파일

.클래스명 { } 형식으로 작성합니다.

```
 1    @charset "utf-8";
 2    .logo1{
 3        color: blue; }
 4    .logo2{
 5        color: red; }
```

cafe24

cafe24

각각의 〈h1〉 태그에 클래스 명에 따라 다른 CSS 속성이 적용되었습니다.

Id 선택자

동영상 강의 보기	QR코드로 바로보기
https://youtu.be/auOyTagTRwg	

❶ Id : 아이디 속성을 가지고 있는 태그를 선택하여 디자인을 합니다.

– html 파일

태그에 id 속성을 입력합니다.

```
1    <!DOCTYPE html>
2 ▼ <html lang="ko">
3 ▼ <head>
4        <meta charset="UTF-8">
5        <title>Document</title>
6        <link rel="stylesheet" type="text/css" href="style.css">
7    </head>
8 ▼ <body>
9        <div id="wrap">500x200</div>
10   </body>
11   </html>
```

– CSS 파일

#아이디명 {} 형식으로 작성합니다.

```
1    @charset "utf-8";
2 ▼ #wrap{
3        width: 500px;
4        height: 200px;
5        background: red;
6           }
```

div 태그에 id를 이용한 CSS가 적용되어 가로 500px, 세로 200px의 빨간 박스가 나타났습니다.

CSS로 모듈 간격 조절하기

동영상 강의 보기	QR코드로 바로보기
https://youtu.be/W6feCctOR1o	

현재 메인 이미지와 추천상품의 간격을 늘려 보겠습니다.

❶ 에디터를 열어준 다음 화면에서 추천상품을 클릭합니다.

❷ 코드창에서 추천상품 모듈이 선택되면 CSS를 불러오는 코드 위에 마우스를 가져간 다음 '파일열기'를 클릭합니다.

```
<!-- 추천상품 -->
<div class="mid-0" module="product_listmain_1">
    <!--@css(/css/module/product/listmain_1.css)-->  [파일열기]
    <!--
        $count = 32
        $basket_result = /product/add_basket.html
        $basket_option = /product/basket_option.html
    -->
    <h2 class=" txtTitle20B">{$category_title_text}</h2>
    <ul class="prdList column4 wvImgSizeFlex">
```

❸ class명 mid-0, 모듈명 product_listmain_1에 외부여백 속성인 margin이 적용되어 있습니다.

◆ 위 : 22px 오른쪽, 왼쪽 : 0 아래 : 0이라는 뜻입니다.

```
/* 공통 */
.mid-0.xans-product-1 { margin:22px 0 0; }
```

❹ 위쪽 수치를 50px로 수정합니다.

```
/* 공통 */
.mid-O.xans-product-1 { margin:50px 0 0; }
```

❺ [저장] 버튼을 클릭합니다.

❻ [PC쇼핑몰 바로가기] 버튼을 클릭하면 추천상품 위에 여백이 늘어난 것을 볼 수 있습니다.

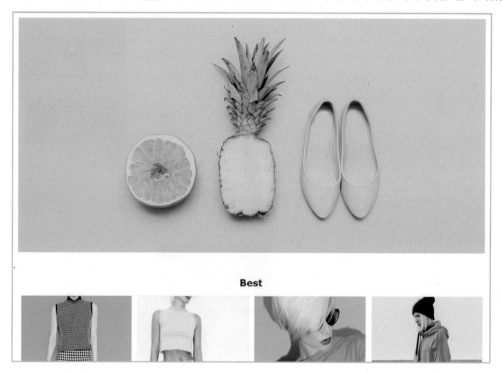

Best

알 아 두 기 ·····

● margin 속성

CSS에서 외부 여백을 적용하는 속성입니다. 아래는 함축형으로 쓰일 때 속성값입니다.

div {margin:20px;}	위, 오른쪽, 아래, 왼쪽 : 20px
div {margin:20px 0;}	위, 아래 : 20px 오른쪽, 왼쪽 : 0
div {margin:20px 0 10px;}	위 : 20px 오른쪽, 왼쪽 : 0 아래 : 10px
div {margin:20px 0 4px 10px;}	위 : 20px 오른쪽 : 0 아래 : 4px 왼쪽 : 10px

CSS로 배너 간격 조절하기

동영상 강의 보기	QR코드로 바로보기
https://youtu.be/jt_TcY4HR7c	

왼쪽에 추가했었던 배너의 간격을 조절해 보겠습니다. 직접 추가한 배너는 CSS를 불러오는 코드가 없기 때문에 직접 입력해 주어야 합니다.

❶ 에디터를 연 후 배너를 클릭합니다.

❷ 배너가 선택되었습니다.

```
<p><iframe width="180" height="90" src="https://www.youtube.com/embed/DSI17058u6Q" frameborder="0" allowfullscreen></iframe></p>
<p><a href="layout/basic/event.html"><img src="http://owhyoshop.cafe24.com/web/img/bn_03.jpg" alt="이벤트"></a></p>
<p><a href="layout/basic/check.html"><img src="http://owhyoshop.cafe24.com/web/img/bn_02.jpg" alt="출석체크"></a></p>
```

❸ 세 개의 배너에 여백을 한 번에 주기 위해서 배너 코드를 ⟨div⟩⟨/div⟩로 묶습니다. div 태그에 class 속성을 입력하고 속성값을 left_bn이라고 입력합니다.

```
<div class="left_bn">
    <p><iframe width="180" height="90" src="https://www.youtube.com/embed/DSI17058u6Q" frameborder="0" allowfullscreen></iframe></p>
    <p><a href="layout/basic/event.html"><img src="http://owhyoshop.cafe24.com/web/img/bn_03.jpg" alt="이벤트"></a></p>
    <p><a href="layout/basic/check.html"><img src="http://owhyoshop.cafe24.com/web/img/bn_02.jpg" alt="출석체크"></a></p>
</div>
```

❹ [저장] 버튼을 클릭합니다.

❺ 공통 레이아웃 상단에서 ⟨!--@css(/layout/basic/css/usercustom.css)--⟩에 마우스를 가져간 다음 '파일열기'를 클릭합니다. 만약 위의 CSS가 없다면 ⟨!--@css(/layout/basic/css/common.css)--⟩ css를 열어도 됩니다.

❻ CSS 파일이 열리면 CSS를 작성합니다.

.left_bn p {padding:20px 0;}

배너들을 감싸고 있는 div에 class="left_bn"을 주었기 때문에 CSS 파일에서 .left_bn 이라고 입력합니다. .left_bn에서 한 칸 띄우고 p를 쓰면 .left_bn 안에 있는 모든 p에게 CSS 속성을 적용한다는 뜻입니다. padding은 내부 여백으로 위, 아래 : 10px 오른쪽, 왼쪽 : 0으로 내부 여백을 주겠다는 뜻입니다.

❼ [저장] 버튼을 클릭합니다.

❽ [내 상점]을 확인하면 왼쪽의 배너들에 여백이 생긴 것을 확인할 수 있습니다.

알 아 두 기

● **CSS의 주석**

HTML의 주석이 〈!— 내용 —〉 이라면 CSS의 주석은 /* 내용 */ 입니다.

● **padding 속성**

CSS에서 내부 여백을 적용하는 속성입니다. 아래는 함축형으로 쓰일 때 속성값입니다.

div {padding:20px;}	위, 오른쪽, 아래, 왼쪽 : 20px
div {padding:20px 0;}	위, 아래 : 20px 오른쪽, 왼쪽 : 0
div {padding:20px 0 10px;}	위 : 20px 오른쪽, 왼쪽 : 0 아래 : 10px
div {padding:20px 0 4px 10px;}	위 : 20px 오른쪽 : 0 아래 : 4px 왼쪽 : 10px

 **마우스 우클릭 방지 설정하기**

■ 메뉴위치 : 쇼핑몰 설정 〉 사이트 설정 〉 쇼핑몰 환경설정

다른 사람이 내 쇼핑몰에 있는 컨텐츠를 가져갈 수 없도록 사이트의 컨텐츠 보호를 위해 마우스 우클릭 방지를 설정할 수 있습니다.

❶ [마우스/키보드] 탭을 선택합니다.
❷ 마우스 오른쪽 클릭에 '사용안함'을 체크합니다.
❸ [저장] 버튼을 클릭합니다.

9. 디자인 기능 설정하기

인트로 설정

인트로란 쇼핑몰에 들어가기 이전 다리 역할 또는 인증 역할을 하는 페이지입니다.

■ 메뉴위치 : 쇼핑몰 설정 > 사이트 설정 > 쇼핑몰 환경설정

1 인트로 사용 설정을 '사용함'으로 체크합니다.

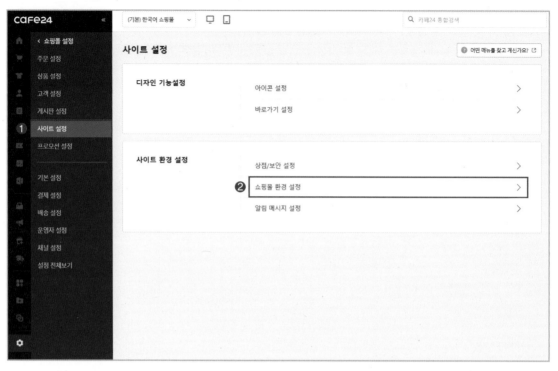

❷ 회원전용 인트로를 체크합니다.

❸ [저장]을 클릭합니다.

- 회원인증 인트로 : 회원 인증을 해야 접속할 수 있는 인트로입니다. 이 기능은 사업자 회원만을 받거나 사내몰 등 폐쇄몰을 만들 때 주로 이용합니다.

- 성인전용 – 본인인증 인트로 화면(법적권고) : 현재 사용 중인 '본인인증 수단'이 노출되어 성인인 증 진행이 가능한 페이지입니다. 법적내용을 100% 준수한 인트로 페이지이므로 사용을 권장 합니다.

- 성인전용 – 본인인증 + 회원 로그인 인트로 화면(법적권고) : 현재 사용 중인 '본인인증 수단'이 노출 되어 성인인증 진행이 가능한 페이지입니다. 사용 중인 본인인증 수단이 없을 시, '회원 로그인 인증' 영역만 보여집니다.

- 성인전용 – 본인인증 인트로 화면 : 현재 사용 중인 '본인인증 수단'이 노출되어 성인인증 진행이 가능한 페이지입니다. 사용 중인 본인인증 수단이 없을 시 페이지 내 성인인증을 진행할 인증 수단이 아무것도 노출되지 않아, 페이지 정상 작동이 불가한 상태가 됩니다.

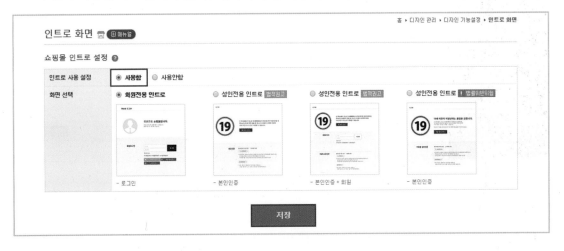

❹ [PC쇼핑몰 바로가기 🖥] 버튼을 클릭하면 인트로가 적용되었습니다. 로그인이 되어있으면 인트로가 보이지 않기 때문에 로그아웃을 해서 확인합니다.

팝업 등록하기 - 1

쇼핑몰에 공지사항이 있을 때 고객들에게 알리기 위하여 팝업으로 안내사항을 띄우는 기능입니다. 설, 추석 등 연휴에 배송공지로 많이 이용합니다. 많은 팝업을 띄우는 것은 고객들이 불편할 수 있기 때문에 필수 전달사항이나 중요한 이벤트가 있을 경우 사용하는 것이 좋습니다.

■ 메뉴위치 : 디자인 > 배너/팝업

❶ [팝업등록] 버튼을 클릭합니다.

❷ 팝업진행 설정

❶ 진행여부 : '진행'을 체크합니다.

❷ 쇼핑몰 디자인 선택 : 여러 스킨을 가지고 있는 경우 팝업을 등록할 스킨을 선택합니다.

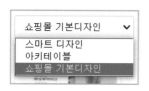

❸ 팝업표시 설정

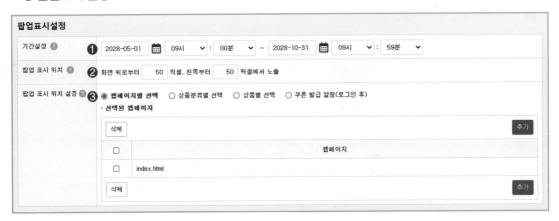

❶ **기간설정** : 기간을 설정합니다.

❷ **팝업 표시 위치** : 팝업이 노출되는 좌표를 설정합니다.

❸ **팝업 표시 위치 설정** : 팝업이 노출되는 페이지를 선택합니다. 일반적으로 메인 페이지인 'index.html'을 선택합니다.

팝업창 디자인

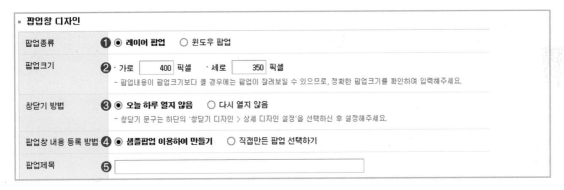

❶ **팝업종류** : 팝업의 종류를 선택합니다. '레이어 팝업'은 브라우저 위에 레이어처럼 띄우는 팝업입니다. 쇼핑몰에서 주로 사용되는 팝업입니다. '윈도우 팝업'은 새창으로 페이지처럼 띄우는 팝업입니다. 팝업 차단이 될 수 있습니다.

❷ **팝업크기** : 제작한 팝업 이미지의 크기를 입력합니다.

❸ **창닫기 방법** : '오늘 하루 열지 않음'을 체크합니다.

❹ **팝업창 내용 등록 방법** : '샘플팝업 이용하여 만들기'를 체크합니다. 샘플팝업은 가지고 있는 이미지를 직접 등록할 수 있습니다. 직접 만든 팝업은 html로 새 페이지를 만들어서 팝업을 등록합니다.

❺ **팝업제목** : 팝업의 제목을 입력합니다.

팝업내용

❶ 나무모양 아이콘을 클릭합니다.

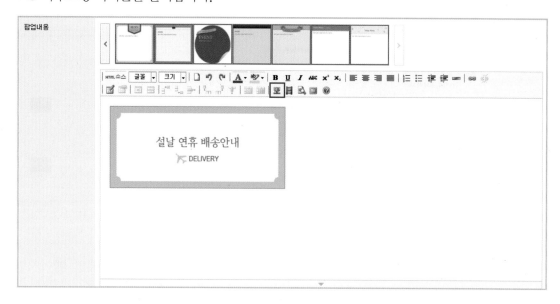

❷ [찾아보기] 버튼을 클릭하여 나타난 창에서 팝업시킬 이미지 파일을 선택하고 [열기] 버튼을 클릭합니다.

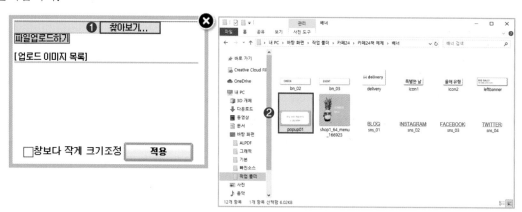

❸ [파일업로드하기] 버튼을 클릭합니다.

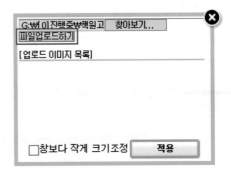

❹ 업로드가 완료되었다는 메시지 창이 나타나면
[확인] 버튼을 클릭합니다.

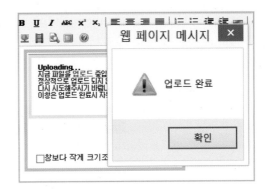

❺ [적용] 버튼을 클릭하면 팝업 이미지가 적용되었습니다.

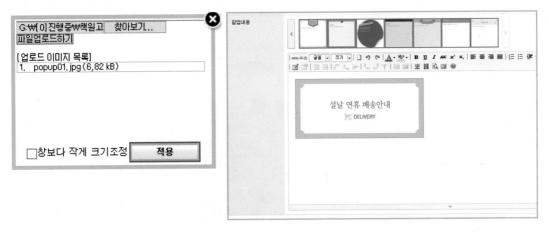

창닫기 디자인 설정

❶ 기본디자인 사용 : 기본 디자인을 사용합니다.

❷ 상세디자인 설정 : bar의 색상, 글씨체, 글씨 색상 등을 설정할 수 있습니다.

❸ 저장 버튼을 클릭합니다(미리보기 버튼을 누르면 팝업을 미리 볼 수 있습니다).

❹ [PC쇼핑몰 바로가기 🖥] 버튼을 클릭하면 팝업이 등록된 것을 확인할 수 있습니다.

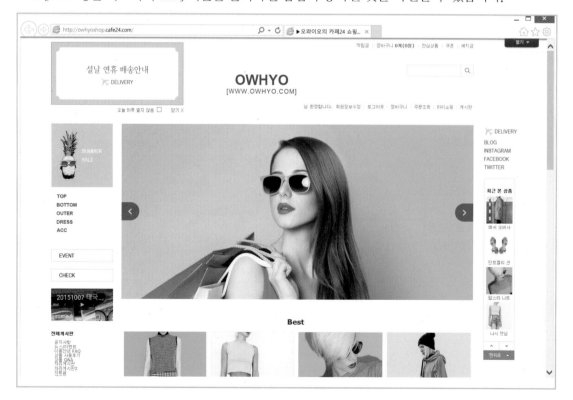

팝업 링크 걸기

팝업을 클릭했을 때 다른 페이지로 연결을 합니다.

❶ 등록된 팝업의 제목을 클릭하면 팝업을 수정할 수 있습니다. 팝업의 제목을 클릭합니다.

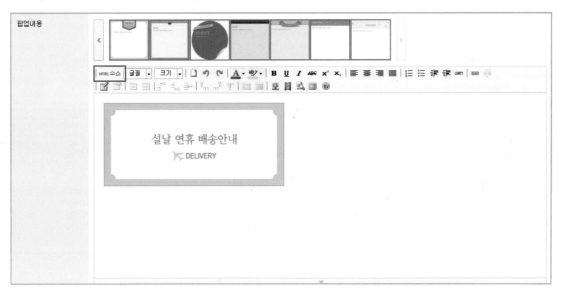

❷ [HTML] 소스를 클릭합니다.

❸ 'img' 코드에 'a' 태그를 입력합니다. 이때 새창 열기인 target="_blank" 속성을 꼭 입력해 주어야 합니다.

❹ # 부분에 연결될 페이지 주소를 입력해 줍니다.

❺ [HTML] 소스를 클릭합니다.

❻ [저장] 버튼을 클릭합니다.

팝업 등록하기 – 2

스마트 팝업을 이용하여 PC와 모바일에 팝업을 한 번에 등록해 보겠습니다.

■ 메뉴위치 : 앱 > 마이앱

❶ 설치한 앱에서 [더보기] 버튼을 클릭합니다.

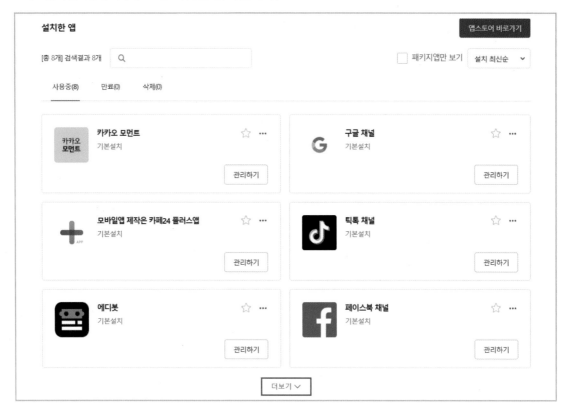

❷ 스마트 팝업 관리 앱의 [관리하기] 버튼을 클릭합니다.

❸ [+팝업등록] 버튼을 클릭합니다.

❹ '팝업 종류'에서 [PC+모바일]을 선택합니다. 이미지 등록은 에디봇 배너로 만들기와 직접 등록하기 모두 가능합니다. [에디봇 배너로 만들기] 버튼을 클릭합니다.

❺ 원하는 팝업 디자인을 선택한 뒤 디자인을 수정한 다음, [적용하기] 버튼을 클릭합니다.

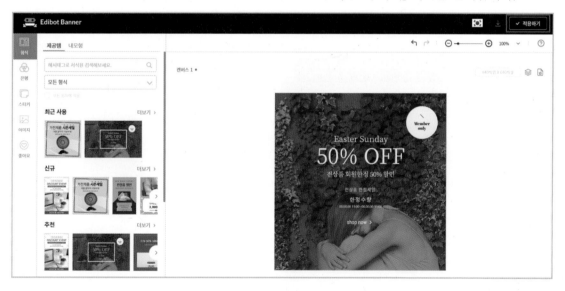

❻ 슬라이드 배너를 만들려면 팝업 이미지를 추가로 등록해 줍니다. [에디봇 배너로 추가하기] 버튼을 클릭합니다.

❼ 원하는 팝업 디자인을 선택한 뒤 디자인을 수정한 다음, [적용하기] 버튼을 클릭합니다.

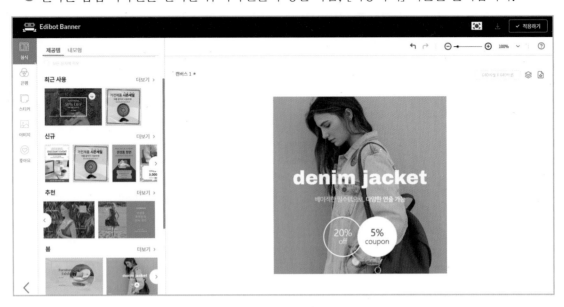

❽ 직접 만든 이미지를 등록할 경우 [직접 추가하기] 버튼을 클릭합니다.

◆ 직접 만든 이미지의 권장 이미지 사이즈는 300~1920px 입니다.

❾ 팝업 이미지를 선택하고 [열기] 버튼을 클릭합니다.

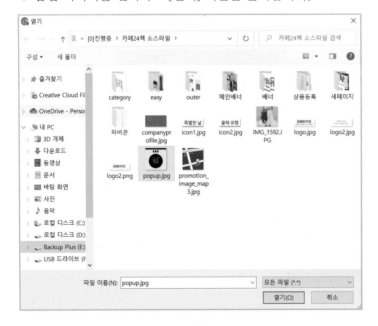

⑩ 슬라이드 팝업 이미지 3개가 등록되었습니다. 링크 주소를 입력해 주세요.

		URL을 입력해주세요.	에디봇 배너 편집
≡		☐ 링크 미사용　☑ 새창으로 열기	변경　삭제
≡		URL을 입력해주세요. ☐ 링크 미사용　☑ 새창으로 열기	에디봇 배너 편집 변경　삭제
≡		URL을 입력해주세요. ☐ 링크 미사용　☑ 새창으로 열기	에디봇 배너 편집 변경　삭제

❶ 슬라이드 설정	○ 사용 안함　　◉ 점 형태　　○ 바 형태
❷ 슬라이드 속도	빠름(4초) ▼
❸ 노출 위치 ❓	메인화면 ▼　쇼핑몰 메인화면에 팝업을 노출합니다.
❹ 노출 기간	○ 노출기간 설정　◉ 노출기간 설정 안함

❶ 슬라이드 설정 : 슬라이드 버튼의 모양을 선택합니다.
❷ 슬라이드 속도 : 이미지가 넘어가는 속도를 설정합니다.
❸ 노출 위치 : 팝업을 노출할 페이지를 선택합니다.
❹ 노출 기간 : 팝업의 노출 기간을 설정합니다.

⑪ 저장 버튼을 클릭합니다.

⑫ 완료 팝업창이 뜨면 [확인] 버튼을 클릭합니다.

등록이 완료되었습니다.

확인

⓭ 팝업이 등록되었습니다.

⓮ 관리자 페이지에서 [PC쇼핑몰 바로가기] 버튼을 클릭하면 팝업이 등록된 것을 확인할 수 있습니다.

스마트 팝업 삭제하기

❶ 팝업을 삭제하기 위해서는 우선 팝업 사용을 '사용 안함'으로 변경해야 합니다. [사용 안함] 버튼을 클릭한 다음, [팝업삭제] 버튼을 클릭합니다.

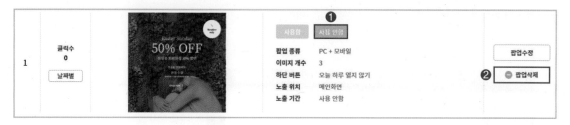

❷ 삭제 팝업창이 뜨면 [확인] 버튼을 클릭합니다.

 **TIP** 디자인 센터 이용하기

보다 고품질의 디자인을 하고 싶으면 다양한 쇼핑몰 디자인 스킨과 부분 디자인 소스를 유료로 구매할 수 있습니다. 스킨을 구매할 때는 다양한 브라우저로 샘플 디자인을 확인하고 구매하는 것이 좋습니다. 스킨이 웹 표준에 맞게 제작되지 않았다면 브라우저마다 쇼핑몰이 다르게 보일 수 있습니다.

❶ 카페24 쇼핑몰 메인에서 [커머스 〉 쇼핑몰 디자인]을 클릭합니다.

❷ [디자인 보기] 버튼을 클릭합니다.

07 : 상품 등록과 상품 진열하기

판매를 위한 일반상품, 신상품, 추천상품 등을 등록하고 진열하는 방법을 배워보기로 합니다. 구매 전환률을 높이기 위해서는 상품을 보기좋게 진열하는 것도 중요하지만 계획을 세워서 효과적으로 진열하는 방법이 필요합니다.

1. 카테고리 만들기

동영상 강의 보기	QR코드로 바로보기
https://youtu.be/jpravtrHd5Y	

쇼핑몰을 방문했을 때 상품들이 어지럽게 널려있다면 흥미를 잃어버리고 바로 다른 곳으로 갈 가능성이 많습니다. 따라서 고객이 원하는 상품을 쉽게 찾아보고 흥미를 느낄 수 있도록 분류하는 것은 매우 중요합니다. 상품 특성에 따라 [대분류]–[중분류] 형태로 단계별로 분류할 수 있습니다.

■ 메뉴위치 : 상품 > 분류관리 > 상품 분류관리

대분류 카테고리 만들기
대분류를 등록합니다.

❶ [대분류 추가] 버튼을 클릭합니다.
◆ 기존에 샘플 메뉴가 있다면 [삭제]를 눌러 삭제합니다.

❷ 폼에 카테고리 명을 입력하고 **Enter** 를 클릭합니다.

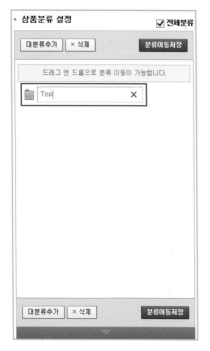

❸ 반복해서 카테고리를 만듭니다.

대분류 카테고리를 쇼핑몰에 노출시키기

카테고리를 등록했다고 자동으로 노출되는 것은 아니므로 대분류를 노출시킬 필요가 있습니다.

❶ 노출할 카테고리를 선택합니다.

❷ 분류 정보의 표시상태를 '표시함'으로 체크합니다.

❸ 메인 분류 표시상태를 '표시함'으로 체크합니다.

– 표시상태를 사용함에 체크시 메뉴를 쇼핑몰에서 사용한다는 뜻입니다.

– 메인분류 표시상태를 사용함에 체크시 메뉴를 메인 페이지에 노출한다는 뜻입니다.

❹ 하단의 [확인] 버튼을 클릭하여 마무리 합니다.

❺ 제대로 처리되었는지 확인하기 위해 상단에 있는 [PC쇼핑몰 바로가기 ⌨] 버튼을 클릭하면 카테고리가 등록된 것을 볼 수 있습니다.

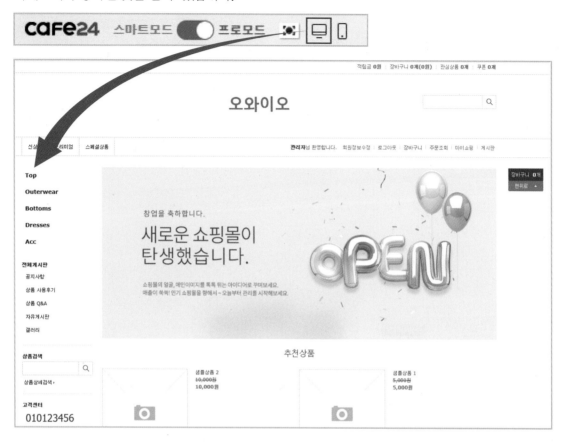

중분류 카테고리 만들기
중분류를 등록합니다.

❶ 중분류로 구분할 대분류 카테고리를 클릭하고 [+] 버튼을 클릭합니다.

❷ 폼에 카테고리 명을 입력하고 [Enter] 를 클릭합니다.

❸ 중분류 카테고리가 등록되었습니다. 동일한 방식으로 다른 대분류를 클릭하고 [+] 버튼을 클릭하여 다른 중분류들도 만들어 줍니다.

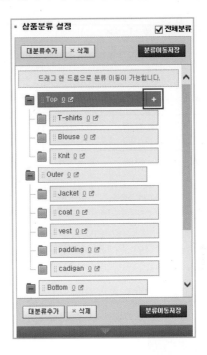

중분류 카테고리 쇼핑몰에 노출시키기

등록한 중분류 카테고리를 노출시킵니다.

❶ 노출할 중분류 카테고리를 선택합니다.

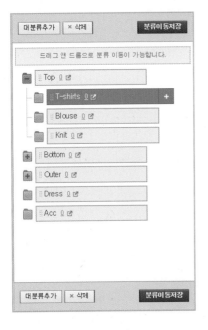

❷ 분류정보의 표시상태를 '표시함'으로 체크합니다.

❸ 하단의 [확인] 버튼을 클릭하여 마무리 합니다.

▪ 분류정보	
현재분류	Top > T-shirts
분류URL	http://owhyoshop.cafe24.com/product/list.html?cate_no=47
분류명 필수	T-shirts
분류설명	
표시상태	● 표시함　　○ 표시안함 - 표시할 쇼핑몰을 선택하세요.
메인분류 표시상태	○ 표시함　　● 표시안함 - 메인분류에 표시할지 여부를 선택하세요. '표시함'을 선택하면 중/소/상세분류도 대분류처럼 최상위에 표시됩니다.
쇼핑몰 표시설정	☑ PC쇼핑몰　　☑ 모바일쇼핑몰 - PC쇼핑몰과 모바일쇼핑몰의 표시여부를 선택하세요. 설정에 따라 분류별로 PC쇼핑몰과 모바일쇼핑몰의 상품진열을 관리할 수 있습니다.

❹ [내 상점]을 클릭한 후 대분류에 마우스를 올리면 중분류 카테고리가 나타나는 것을 볼 수 있습니다.

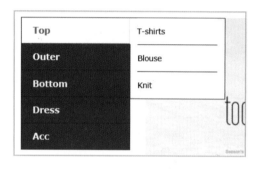

메뉴의 표시상태 표시

표시상태	● 표시함　　○ 표시안함 - 표시할 쇼핑몰을 선택하세요.
메인분류 표시상태	● 표시함　　○ 표시안함 - 메인분류에 표시할지 여부를 선택하세요. '표 　시됩니다.

디자인 센터에서 스킨을 구입해서 사용할 경우 스킨 디자인에 따라서 중분류의 메인분류 표시상태를 표시하는 경우도 있습니다.

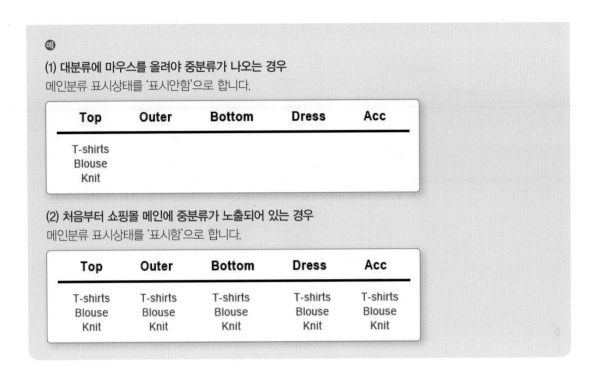

(1) 대분류에 마우스를 올려야 중분류가 나오는 경우

메인분류 표시상태를 '표시안함'으로 합니다.

Top	Outer	Bottom	Dress	Acc
T-shirts				
Blouse				
Knit				

(2) 처음부터 쇼핑몰 메인에 중분류가 노출되어 있는 경우

메인분류 표시상태를 '표시함'으로 합니다.

Top	Outer	Bottom	Dress	Acc
T-shirts	T-shirts	T-shirts	T-shirts	T-shirts
Blouse	Blouse	Blouse	Blouse	Blouse
Knit	Knit	Knit	Knit	Knit

카테고리 위치 이동하기

❶ 카테고리를 이동할 위치에 드래그 합니다. 이때 카테고리 사이에 놓으면 같은 분류 안에서 이동이 됩니다. 카테고리의 이름에 놓으면 그 분류의 하위분류로 이동이 됩니다.

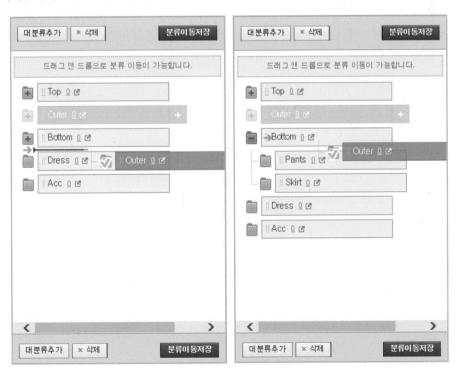

❷ 카테고리가 이동되었으면 [분류이동저장] 버튼을 클릭하여 완성합니다.

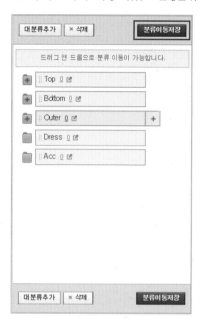

카테고리 삭제하기

❶ 삭제할 카테고리를 선택합니다.

❷ [삭제] 버튼을 클릭합니다.

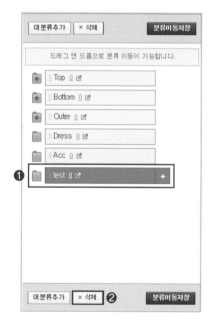

2. 일반 상품 등록하기

동영상 강의 보기	QR코드로 바로보기
https://youtu.be/b-ZY17hhNxQ	

판매할 상품의 정보를 입력하고 쇼핑몰 카테고리와 메인 페이지에 상품을 등록합니다.

■ 메뉴 위치 : 상품 > 상품 등록 > 일반 등록

상품 표시 설정하기

❶ 진열상태 : '진열함'으로 체크합니다.

❷ 판매상태 : '판매함'으로 체크합니다.

❸ 상품 분류 선택 : 등록하는 상품의 분류를 선택합니다.

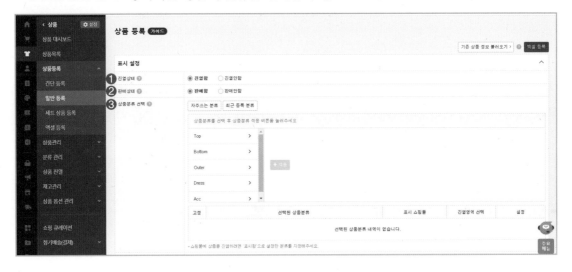

❹ 대분류 카테고리를 클릭합니다.

❺ [적용] 버튼을 클릭하면 하단에 선택된 분류가 나타납니다.

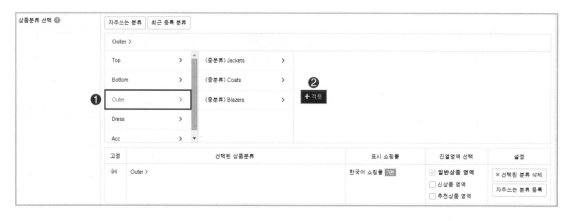

❻ 중분류 카테고리를 클릭합니다.

❼ [적용] 버튼을 클릭하면 하단에 선택한 분류가 나타납니다.

❽ 분류 삭제를 하려면 [선택된 분류 삭제] 버튼을 클릭하면 됩니다.

❾ 추가된 상품 분류의 '추천상품 영역' 체크박스를 체크하면 아래처럼 카테고리의 일반상품 진열 윗부분에 추천 상품으로 등록됩니다.

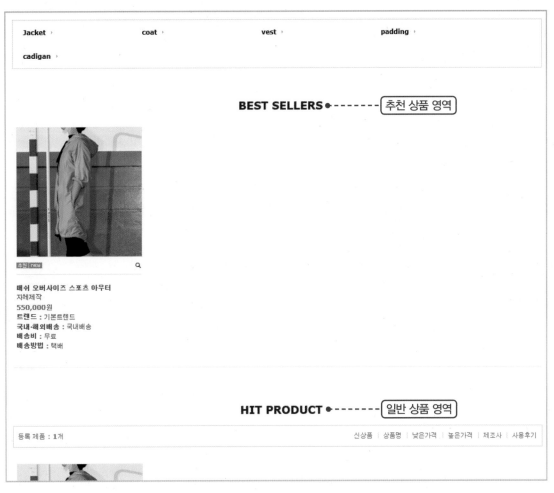

❿ 원하는 메인 카테고리에 '진열함'을 체크하면 그림처럼 메인 페이지에 상품이 진열됩니다.

메인 진열	추천상품	☑ 진열함	
	신상품	☑ 진열함	
	추가카테고리1	☐ 진열함	
	추가카테고리2	☐ 진열함	

기본정보 입력하기

상품명	❶ 예시) 플라워 미니 원피스	[0 / 250]
영문 상품명	❷ [영문 상품명 표기 예시▶]	[0 / 250]
상품명(관리용) ❓	❸ [0 / 50]	
공급사 상품명	❹	[0 / 250]
모델명	❺ [0 / 100]	
상품코드	❻ 자동생성	
자체 상품코드	❼ 중복확인 [0 / 30]	
상품상태	❽ ⦿ 신상품 ◯ 중고상품 [1 ▽] 개월 ◯ 반품/재고/진열 상품	
상품 요약설명	❾	[0 / 255]
상품 간략설명	❿	
	- 상품의 간단한 추가 정보를 입력할 수 있습니다.	

❶ **상품명** : 상품명을 입력합니다.

❷ **영문 상품명** : 영문 상품명을 입력합니다.

❸ **상품명(관리용)** : 상품명 외에 상품관리를 위한 단순한 정보를 입력할 수 있습니다. 입력한 내용은 쇼핑몰을 이용하는 고객에게 노출되지 않습니다.

❹ **공급사 상품명** : 공급사에서 제공하는 상품명을 입력합니다.

❺ **모델명** : 제품의 모델명을 입력합니다.

❻ **상품코드** : 카페24 쇼핑몰에 상품을 등록하면 자동적으로 주어지는 코드입니다.

❼ **자체 상품코드** : 직접 코드를 입력하여 상품을 관리할 수 있습니다.

❽ **상품상태** : 신상품, 중고상품, 재고상품 등 상품의 상태를 표시합니다.

❾ **상품 요약설명** : 상품에 대한 요약 설명 부분입니다.

❿ **상품 간략설명** : 상품에 대한 간략설명 부분입니다. 요약설명과 비슷한 역할을 합니다.

상품 상세 설명

상품의 상세이미지를 등록하는 곳입니다. [에디봇 작성] 탭과 [직접 작성] 탭이 있습니다.

(1) 에디봇 템플릿 선택하기

동영상 강의 보기	QR코드로 바로보기
https://youtu.be/YHgg3LFHbp0	

❶ [에디봇 작성] 탭에서 [에디봇으로 작성하기] 버튼을 클릭합니다.

◆ 에디봇은 IE 브라우저에서는 사용할 수 없습니다. 여기에서는 크롬 브라우저를 사용했습니다.

❷ 에디봇 편집창이 뜹니다.

❸ [제공 템플릿]은 카페24에서 만들어진 디자인을 제공하는 것이고, [내 템플릿]은 작성자가 만든 템플릿을 저장해 놓고 사용하는 것입니다.

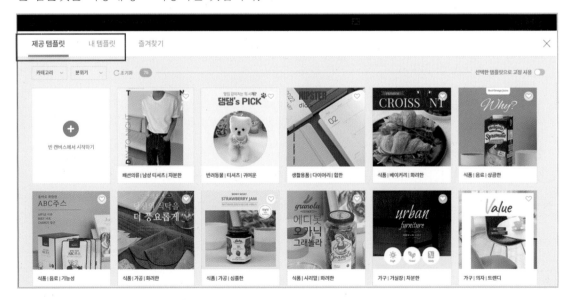

❹ '빈 캔버스에서 시작하기'는 빈 도화지에 처음부터 상세페이지를 꾸미는 것입니다. 그 외 템플릿은 카페24에서 제공하는 상세페이지를 편집해서 꾸미는 것입니다.

❺ 카페24 제공 템플릿에 마우스를 올리고 [미리보기] 버튼을 클릭하면 오른쪽에 템플릿 미리보기로 디자인을 볼 수 있습니다.

❻ 마음에 드는 디자인을 고른 뒤 [사용하기] 버튼을 클릭합니다.

❼ 이미지 부분을 클릭하거나 [업로드]를 클릭합니다.

❽ 상세페이지에 넣을 이미지를 선택하고 [열기] 버튼을 클릭합니다.

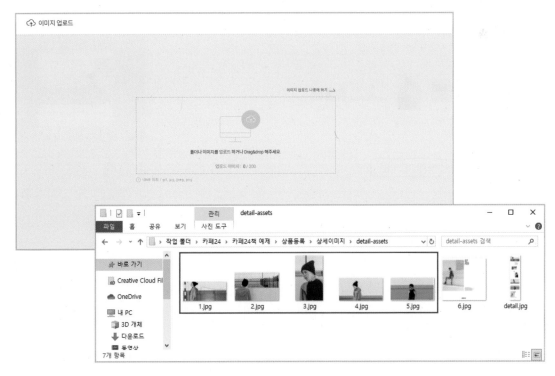

❾ 에디봇에서는 AI가 상세페이지 구조에 맞게 사진을 자동으로 분배해 줍니다.

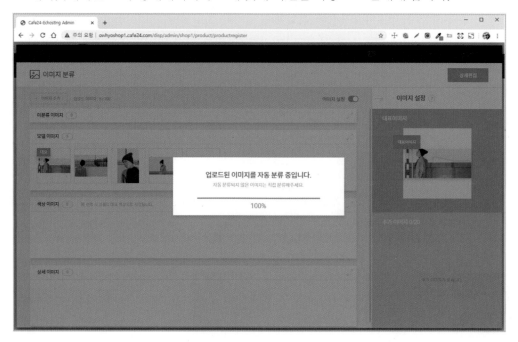

❿ 여기에서는 사진에 얼굴이 나와서 모델 이미지로 분배가 되었는데요. 아닐 때는 원하는 구역으로 드래그해서 이미지를 이동시키면 됩니다.

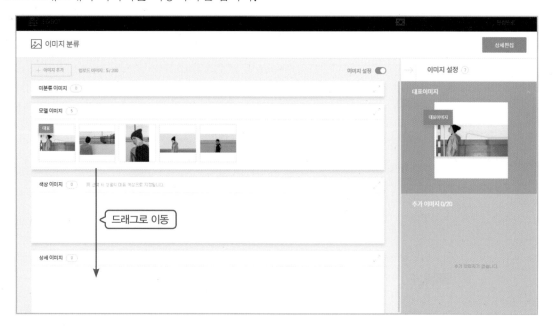

⓫ 여기서는 모델 이미지 하나만 남겨놓고 나머지는 상세 이미지로 드래그해서 이동했습니다.

⓬ 대표 이미지에 마우스를 올리면 [×] 버튼이 나타납니다. 대표 이미지와 추가 이미지는 따로 설정하는 부분이 있기 때문에 [×]를 눌러서 삭제합니다.

⓭ [상세편집] 버튼을 클릭합니다.

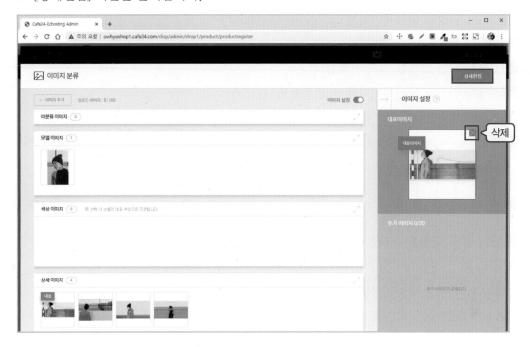

⓮ 상세페이지 템플릿이 열렸습니다.

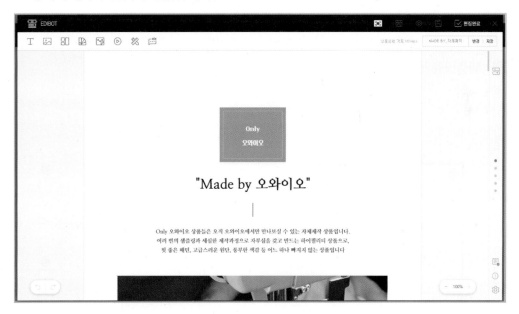

(2) 에디봇 편집창 알아보기

■ 상단 메뉴

❶ **오픈마켓** : 완성된 상세페이지의 코드를 복사해서 오픈마켓에도 등록할 수 있습니다.

❷ **미리보기** : 상세페이지를 미리보기 합니다.

❸ **임시저장** : 작업 화면을 임시 저장합니다.

❹ **편집완료** : 완성된 상세페이지를 저장 완료합니다.

■ 툴 메뉴

❶ **텍스트** : 글자 영역을 추가합니다.

❷ **이미지** : 이미지를 추가합니다.

❸ **프레임** : 이미지를 넣을 수 있는 레이아웃을 추가합니다.

❹ **색상** : 색상영역의 디자인을 추가합니다. 색상영역에 이미지를 추가했다면 사용할 수 있습니다.

❺ **스티커** : 카페24에서 제공하는 스티커를 추가합니다. 텍스트 타입과 그래픽 타입이 있습니다.

❻ **동영상** : 동영상을 주소로 추가합니다.

❼ **상품정보** : '에디봇핏'을 사용하여 상품사이즈와 같은 상세정보를 추가할 수 있습니다.

❽ **상품리뷰** : 상세페이지에 고객이 직접 남긴 리뷰를 추가할 수 있습니다.

❾ **변경** : 템플릿을 변경합니다.

❿ **템플릿 저장** : 작업한 템플릿을 내 템플릿으로 저장합니다.

■ 화면

❶ 작업화면 : 디자인을 편집하는 화면입니다.

❷ 영역관리 : 상세페이지를 영역별로 관리합니다. 드래그해서 이미지 또는 영역을 이동할 수 있습니다.

❸ 화면이동 : 버튼을 누르면 원하는 영역으로 이동합니다.

❹ 실행취소/되살리기

❺ 화면축소/확대

(3) 에디봇으로 상세페이지 편집하기

❶ 글자 편집 : 글자를 더블클릭해서 내용을 수정합니다.

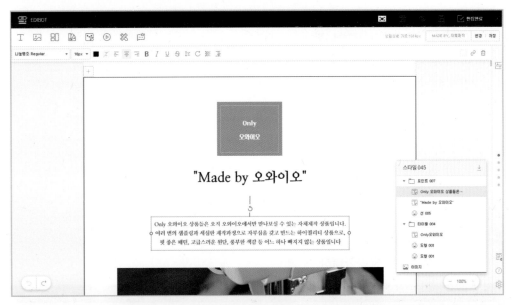

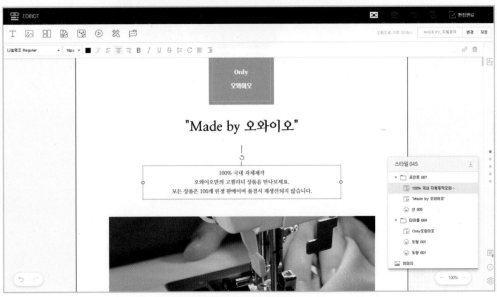

❷ 템플릿에 필요 없는 요소는 클릭하고 Delete 를 눌러 삭제합니다. 프레임을 삭제할 때 확인 창이 뜨면 [예] 버튼을 클릭합니다.

❸ 이미지를 추가해 보겠습니다. [이미지] 아이콘을 클릭합니다.
❹ [내 이미지] 탭을 클릭합니다.
❺ [이미지 추가] 아이콘을 클릭합니다.

❻ 추가할 이미지를 선택하고 [열기] 버튼을 클릭합니다.

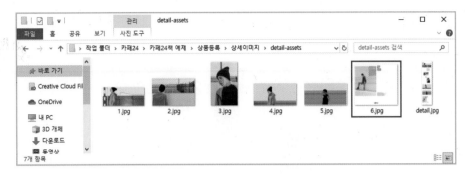

❼ 이미지를 오른쪽 작업 화면으로 드래그 합니다.

❽ 여기에 삽입이라고 메시지가 나오면 마우스에서 손을 뗍니다.

❾ 이미지가 추가되었습니다.

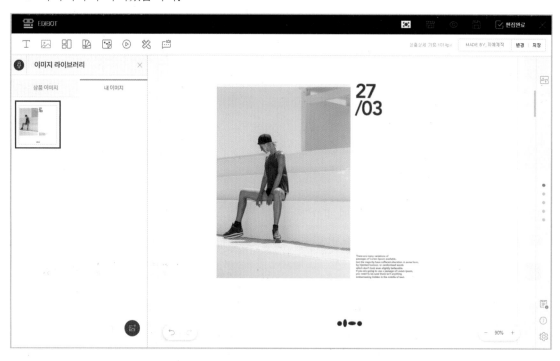

● **상세페이지 이미지에 링크걸기**

상세페이지 내부에서 링크를 걸고 싶다면 링크를 걸어줄 이미지를 클릭합니다. 링크 아이콘을 클릭하여
링크 주소를 입력하면 됩니다.

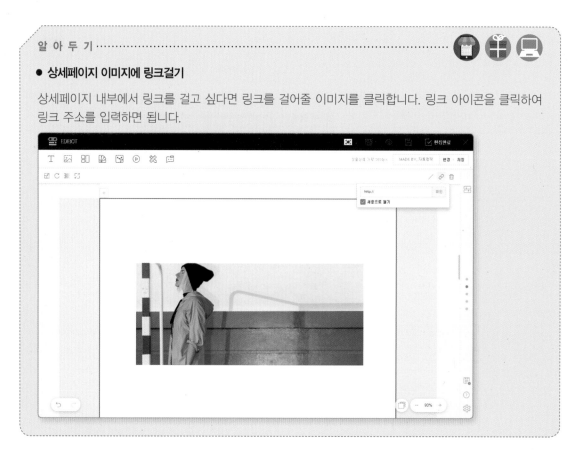

(4) 에디봇으로 상세페이지 디자인 편집하기

❶ 후기 영역에 있는 박스의 색상을 변경해 보겠습니다. 박스를 클릭합니다.

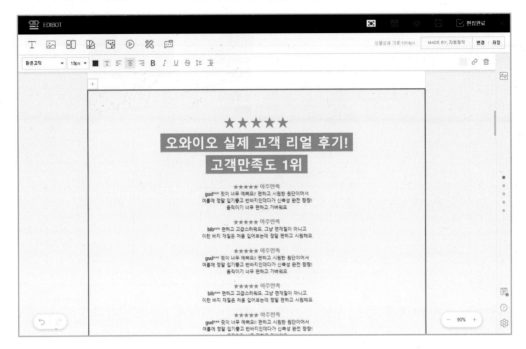

❷ [색상 변경]을 클릭한 다음 원하는 색상을 선택합니다.

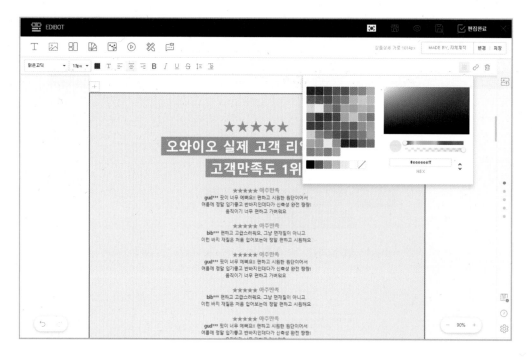

❸ 에디봇에는 상세페이지를 좀 더 꾸밀 수 있도록 해주는 스티커 기능이 있습니다. [스티커] 아이콘을 클릭합니다.

❹ 스티커에는 '텍스트 타입'과 '그래픽 타입'이 있습니다. '텍스트 타입'은 글자 내용을 수정할 수 있습니다.

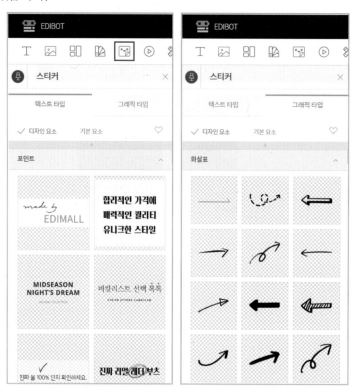

❺ 원하는 스티커 디자인을 선택한 뒤 작업 화면으로 드래그 합니다.

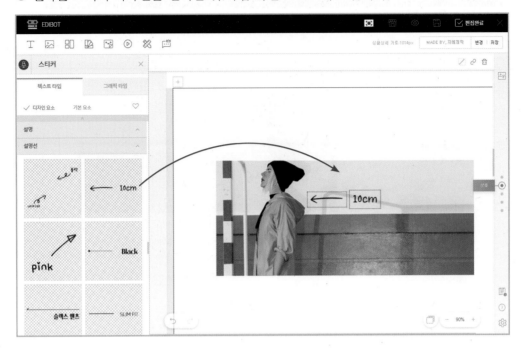

❻ 글자를 더블클릭해서 내용을 변경합니다.

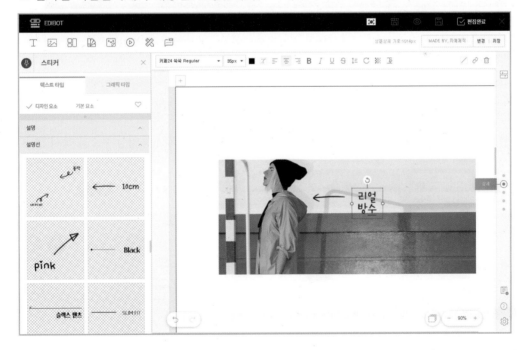

❼ 글자 속성에서 글씨체와 색상을 변경합니다.
❽ [회전] 아이콘을 드래그해서 회전을 합니다.

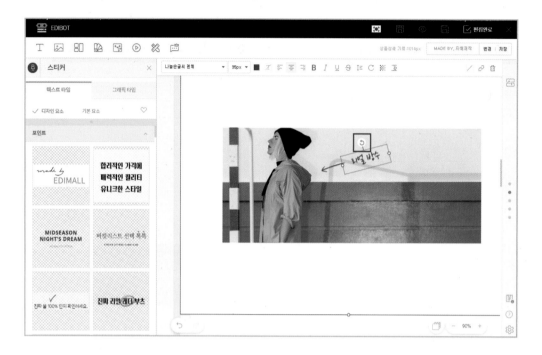

(5) 에디봇으로 상세페이지 동영상 추가하기

❶ 상세페이지에 동영상을 추가해 보겠습니다. [동영상] 아이콘을 클릭합니다.

❷ 유튜브에 동영상을 업로드한 뒤 [공유]를 클릭합니다. [복사]를 눌러서 동영상 주소를 복사합니다.

❸ 동영상 주소를 '붙여넣기' 한 다음 [확인] 버튼을 클릭합니다.

❹ 동영상이 추가되었습니다.

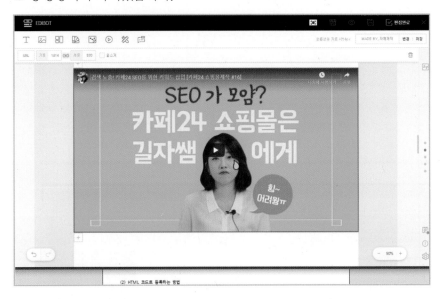

(6) 에디봇에서 상품정보 편집기능 사용하기

❶ [화면이동] 버튼에서 [상품정보]를 클릭합니다. 상품정보 영역으로 이동합니다.

❷ [상품정보 편집] 버튼을 클릭합니다.

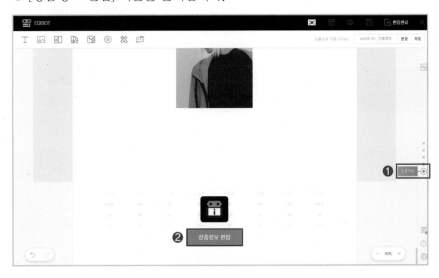

❸ 상품정보를 편집할 수 있는 '에디봇 핏'이 열립니다.

[디자인 변경] 버튼을 클릭하면 상품정보 디자인을 변경할 수 있습니다.

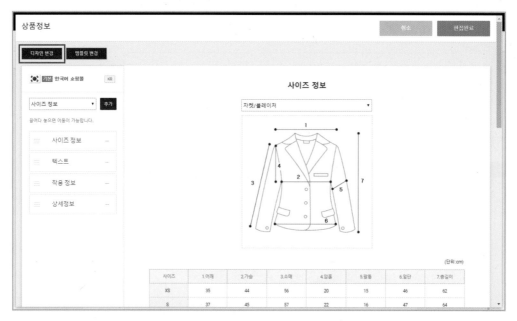

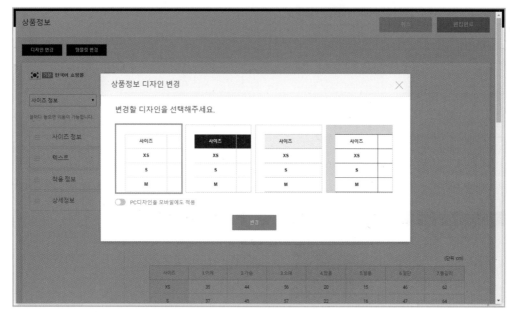

❹ 제품 종류를 선택할 수 있습니다.

❺ 패션이 아닐 경우 [−]를 눌러 사이즈 정보를 삭제할 수 있습니다.

❻ 텍스트는 표 부분입니다. 마우스를 누르면 [+]와 [−]가 나타나는데 '열'과 '행'을 추가하거나 뺄 수 있습니다.

사이즈	1.어깨	2.가슴	3.소매	4.암홀	5.팔통	6.밑단	7.총길이
XS	35	44	56	20	15	46	62
S	37	45	57	22	16	47	64
M	37	46	57.5	22	16	47	64
L	38	47	58	23	17	47	65

- 위의 실측사이즈는 '단면의 길이'입니다. 참고해 주세요.
- 사이즈는 측정방법에 따라 1~3cm 정도 오차가 있을 수 있습니다.
- 제품색상은 사용자의 모니터의 해상도에 따라 실제 색상과 다소 차이가 있을 수 있습니다.
- 제품컷의 색상이 실제 제품 색상과 가장 비슷합니다.

❼ 글자를 더블클릭하면 내용을 수정할 수 있습니다.

(단위 :cm)

사이즈	1.어깨	2.가슴	3.소매	4.암홀	5.팔통	6.밑단	7.총길이
XS	35	44	56	20	15	46	62
S	37	45	57	22	16	47	64
M	37	46	57.5	22	16	47	64
L	38	47	58	23	17	47	65
XL	39	48	58.5				

- 위의 실측사이즈는 '단면의 길이'입니다. 참고해 주세요.

❽ 착용정보 : 체크박스를 클릭하면 컬러가 체크되거나 해제됩니다. 글자를 수정하여 체크박스를 이용한 표로 사용할 수 있습니다.

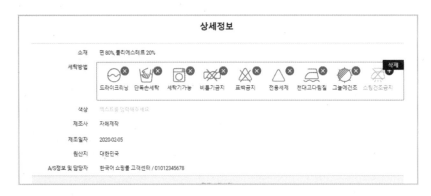

착 용 정 보

계절감	☐ 봄/가을	■ 여름	☐ 겨울
착용감	■ 슬림핏	☐ 적당함	☐ 루즈핏
신축성	☐ 없음	■ 적당함	☐ 좋음
두께감	☐ 얇음	■ 적당함	☐ 두꺼움
무게감	☐ 가벼움	■ 적당함	☐ 무거움
안감	☐ 안감없음	■ 부분안감	☐ 전체안감
비침	☐ 비침없음	■ 조금비침	☐ 비침
촉감	☐ 부드러움	■ 적당함	☐ 까슬함

❾ 상세정보 : 제조사 및 제조일자 등 제품의 상세정보를 입력할 수 있는 부분입니다. 세탁 관련 아이콘을 사용할 수 있어서 패션 쇼핑몰에서 유용하게 사용될 수 있습니다.

상세정보

소재	면 80%, 폴리에스테르 20%
세탁방법	드라이크리닝 단독손세탁 세탁기가능 비틀기금지 표백금지 전용세제 천대고다림질 그늘에건조 스팀건조금지
색상	텍스트를 입력해주세요
제조사	자체제작
제조일자	2020-02-05
원산지	대한민국
A/S정보 및 담당자	한국어 쇼핑몰 고객센터 / 01012345678

❿ 정보 입력이 끝나면 [편집완료] 버튼을 클릭합니다.

❶ 상품 정보가 등록되었습니다.

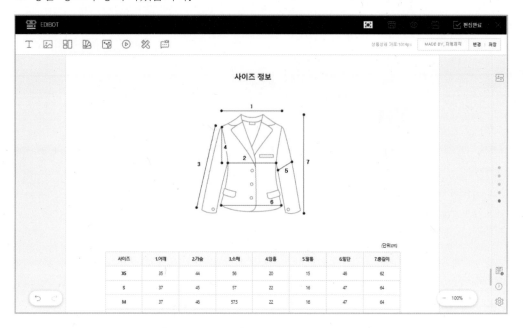

(7) 에디봇에서 위치 이동하기

❶ 상세페이지에 있는 이미지를 상단으로 올리거나 객체들의 위치를 수정하고 싶다면 [영역 관리] 버튼을 클릭합니다.

❷ [영역]을 클릭하면 영역 안에 있는 객체들이 나타납니다.

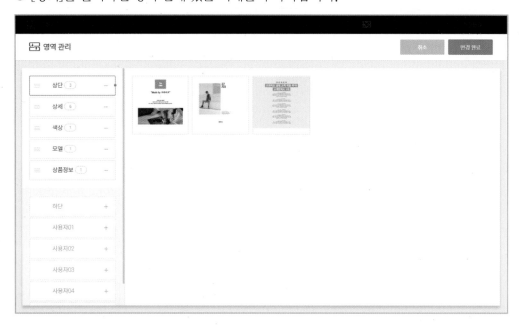

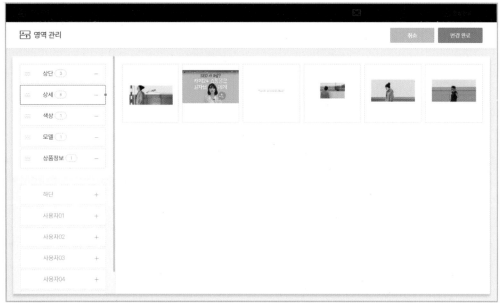

❸ 영역을 위, 아래로 드래그하거나 객체를 드래그해서 순서를 바꿀 수 있습니다. 순서를 변경하였다면 [변경완료] 버튼을 클릭합니다.

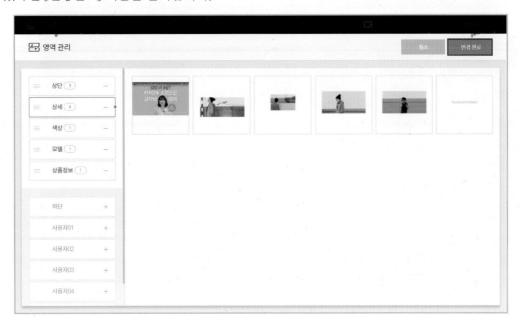

❹ 상세페이지 제작이 끝나면 [편집완료] 버튼을 클릭합니다.

❺ 확인창이 뜨면 [예] 버튼을 클릭합니다.

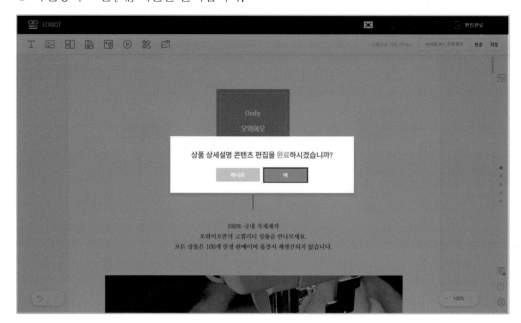

❻ 에디봇으로 제작한 상품 상세페이지가 등록되었습니다.

(8) 직접 작성으로 상세페이지 등록하기 : 이미지 한 장으로 등록

❶ 나무 모양 버튼을 클릭합니다.

❷ [찾아보기] 버튼을 클릭하여 나타난 창에서 올리고
싶은 이미지를 찾아서 [확인]을 클릭합니다.

❸ [파일업로드하기] 버튼을 클릭합니다.

❹ [적용] 버튼을 클릭합니다.

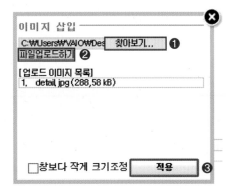

❺ 상세 이미지가 등록되면 등록된 상세 이미지를 클릭합니다.

❻ 가운데 정렬 버튼을 클릭하면 상세 이미지가 가운데로 이동합니다.

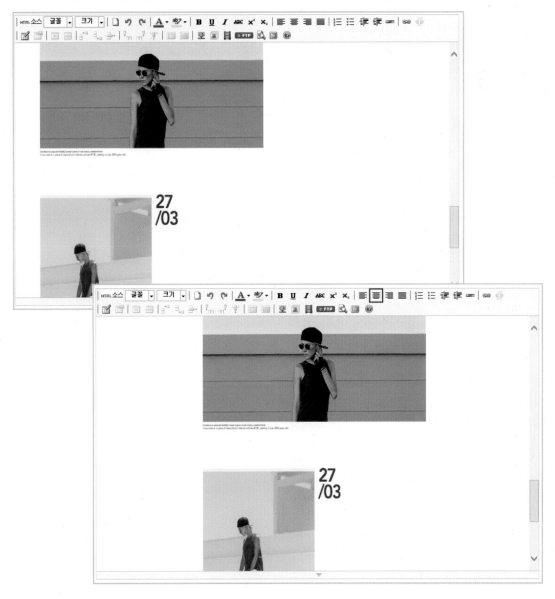

(9) 직접 작성으로 상세페이지 등록하기 : 이미지를 여러 장으로 등록

❶ 두 번째 나무 모양을 클릭합니다.

❷ [찾아보기] 버튼을 클릭합니다.

❸ 등록할 이미지들을 선택합니다(등록할 이미지가 여러개인 경우 [Shift] + 클릭 또는 [Ctrl] + 클릭 기능을 이용하면 편리합니다).

❹ [열기] 버튼을 클릭합니다.

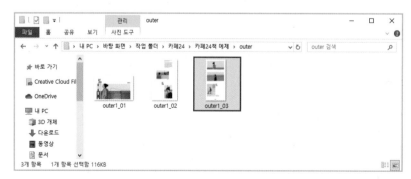

❺ [입력] 버튼을 클릭합니다.

❻ 상세 이미지가 등록되면 이미지들을 모두 선택한 후 [가운데 정렬] 버튼을 클릭하여 중앙으로
배치시킵니다.

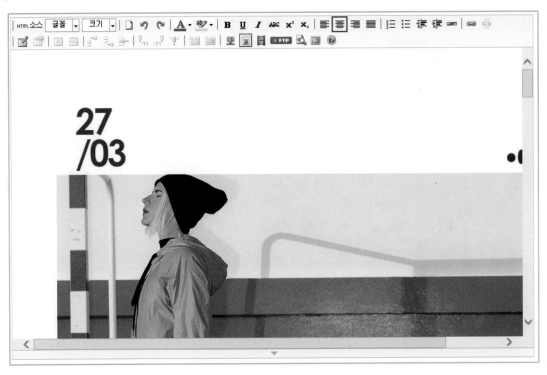

(10) 직접 작성으로 상세페이지 등록하기 : 파일업로더

'파일업로더'는 상품등록을 하면서 바로 사용할 수 있는 FTP와 같습니다.

❶ [파일업로더] 버튼을 클릭합니다.

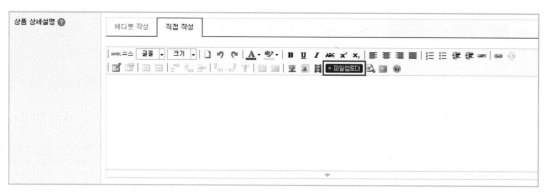

❷ '파일업로더' 창이 열렸습니다. 'web' 폴더 안에 상세페이지 폴더를 만들기 위해 'web' 폴더를 더블클릭합니다.

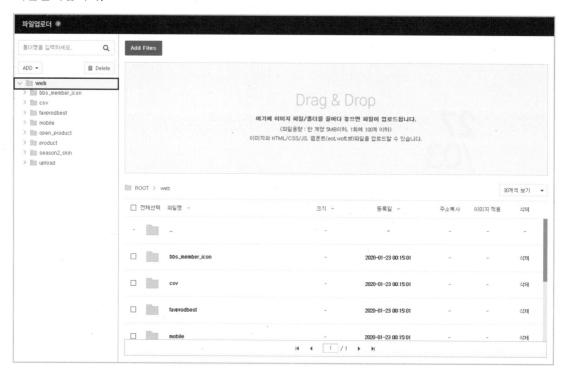

❸ [ADD]를 클릭하고 [하위폴더]를 선택합니다.

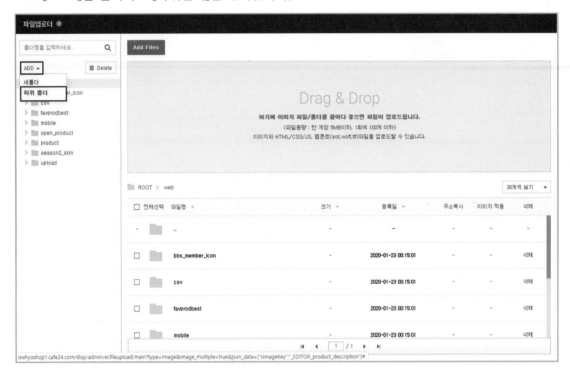

❹ 폴더 이름을 영문으로 입력하고 Enter 를 클릭합니다. 여기에서는 'detail' 폴더를 만들겠습니다.

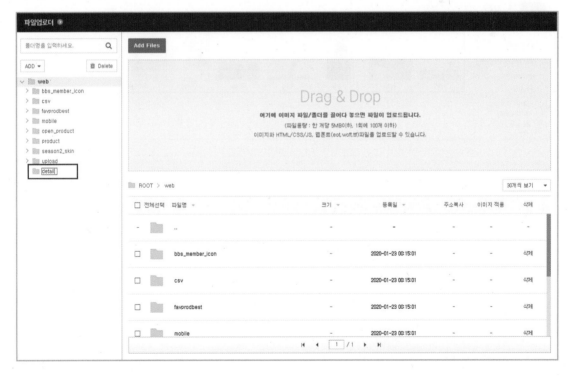

❺ 폴더가 만들어지면 파일을 업로드하기 위해 [Add Files] 버튼을 클릭합니다.

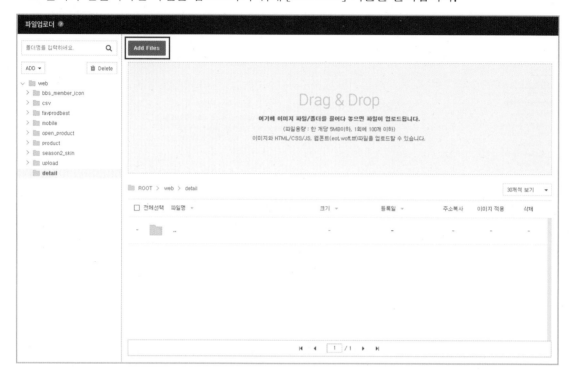

❻ 이미지를 선택하고 [열기] 버튼을 클릭합니다. 여기에서는 이미지를 모두 선택했습니다.

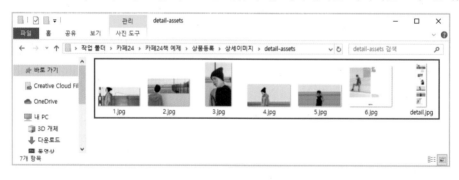

❼ [Start Upload] 버튼을 클릭합니다.

❽ 이미지가 업로드 되었습니다. [이미지 적용]을 클릭하면 이미지가 적용됩니다. 여기서는 한 장으로 되어있는 상세이미지를 적용했습니다.

◆ 여러 장의 이미지를 적용하고 싶다면 [파일 업로더] 버튼을 클릭합니다. 파일업로드는 이미 되었기 때문에 업로드한 경로를 찾아서 추가로 적용할 이미지에 [이미지 적용]만 클릭하면 됩니다.

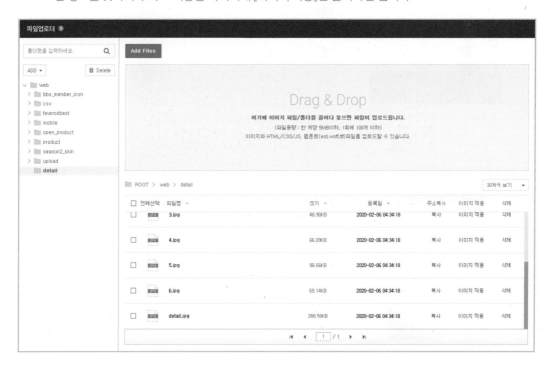

❾ 확인창이 뜨면 [확인] 버튼을 클릭합니다.

❿ 상세이미지가 등록되었습니다.

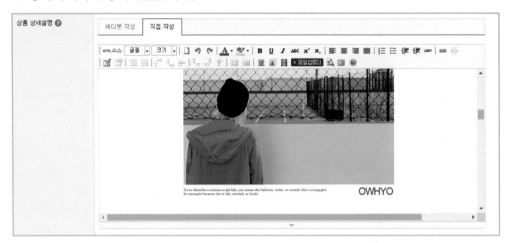

⓫ 상품등록 완료 후 화면은 아래와 같습니다.

모바일 상품 상세설명

스마트폰 등으로 쇼핑몰에 접속하여 제품을 구매하려는 사람들을 위하여 모바일에 보여지는 상품의 상세 이미지를 등록하는 곳입니다.

❶ 상품 상세설명 동일 체크 시

PC용으로 등록된 상세 이미지와 같은 이미지가 노출됩니다.

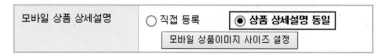

위 화면에서 [모바일 상품이미지 사이즈 설정] 버튼을 클릭하면 설정된 사이즈로 상품이미지를 리사이징하여 자동 생성해 줍니다.

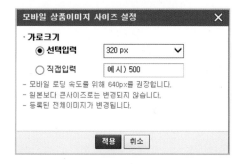

❷ 직접 등록 체크 시

모바일 전용으로 상품 상세이미지를 따로 등록할 수 있습니다.

검색어 설정

내 쇼핑몰 검색창에서 고객들이 찾고자 하는 특정 단어를 입력한 경우 노출될 상품의 키워드를 지정합니다. 여러 개의 검색어를 지정할 경우(콤마)로 구분합니다.

검색어설정	트레이닝복,쟈켓,아웃웨어,운동복,바람막이,스포츠 [47 / 200]
	- 검색어는 ',(콤마)'로 구분해주시기 바랍니다.

판매정보 입력하기

❶ 소비자가 : 소비자가를 입력합니다.

❷ 공급가 : 매입 공급가를 입력합니다.

❸ 과세구분 : 세금%를 입력하면 판매가에서 과세 금액을 분리합니다.

❹ 판매가 : 판매가를 입력합니다.

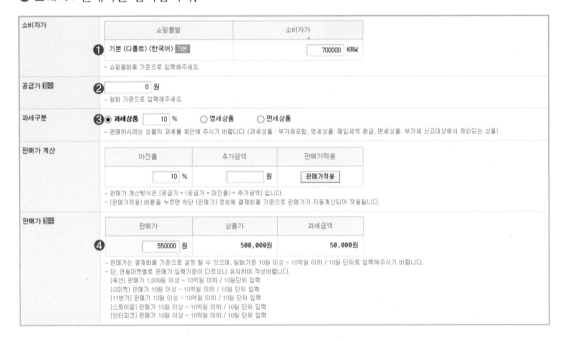

❺ 기본설정 사용 : 상점관리에서 설정한 기본 적립금액을 사용합니다.

❻ 개별설정 : 현재 상품만 다른 적립금액을 사용할 때 지정합니다.

❼ **최소 주문수량** : 최소 주문 가능 수량을 입력합니다.

❽ **최대 주문수량** : 최대 주문 가능 수량을 입력합니다.

최소 주문수량	❼ ◉ **1개이상**
	○ 수량 [ ] 개 이상
최대 주문수량	❽ ◉ **제한없음**
	○ 수량 [ ] 개 이하

❾ **구매제한** : 회원, 비회원 구분하여 구매 권한을 설정합니다.

구매제한	❾ ○ 기본설정 사용　　◉ **개별설정**
	○ 회원만 구매하며, 구매버튼 감추기
	○ 회원만 구매하며, 구매버튼 보이기
	◉ **구매제한 안함**
구매 주문단위	[1] 개 단위로 주문 및 장바구니 등록 가능

오 와 이 오 ▽TIP 판매가 대체문구

재고에 상관없이 일시품절을 할 때 사용하는 기능으로, 판매가 대체 문구를 사용할 경우 상품 주문이 되지 않기 때문에 상품등록 시에는 체크를 하지 않습니다.

| 판매가 대체문구 | ☑ 사용 [일시품절] [0 / 20] |
| | - 판매가 대체문구는 판매가에 판매가가 아닌 대체문구를 표시해주는 기능으로, 해당기능을 사용할 경우 상품주문이 되지 않습니다. |

판매가 대체문구가 적용된 상품인 경우 다음과 같이 '일시품절'이라는 대체문구가 나타납니다.

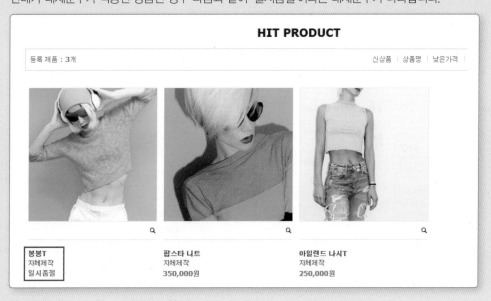

HIT PRODUCT

등록 제품 : 3개　　　　　　　　　　　　　　　　　　신상품 | 상품명 | 낮은가격

봉봉T
자체제작
일시품절

팝스타 니트
자체제작
350,000원

아일랜드 나시T
자체제작
250,000원

옵션 등록하기

동영상 강의 보기	QR코드로 바로보기
https://youtu.be/Zh2KVs7oY9I	

– 옵션설정 : 상품의 옵션을 등록하는 곳입니다.

❶ **옵션사용** : 사용함을 체크합니다.

옵션사용	❶ ● 사용함 ○ 사용안함			
옵션 구성방식 ❓	❷ ○ 조합 일체선택형	● 조합 분리선택형	○ 상품 연동형	○ 독립 선택형

❷ **옵션 구성방식** : 가장 많이 쓰이는 형태인 조합 분리 선택형을 체크합니다.

옵션 종류	의미
조합 일체 선택형	하나의 선택 박스에 모든 옵션이 조합되어 표시되며, 옵션 선택 시 조합된 상태로 생성되는 구성입니다. 주로 구성이 많지 않은 상품의 경우 사용됩니다.
조합 분리 선택형	옵션을 각각의 선택 박스로 선택할 수 있으며, 옵션명을 기준으로 옵션값을 조합할 수 있는 구성입니다. 주로 색상/사이즈와 같이 다양한 구성을 선택해야 하는 상품들에 쓰고 있습니다.
상품 연동형	옵션 표시 방식은 조합형과 유사하지만 필수 옵션과 선택 옵션을 선택할 수 있는 구성입니다. 옵션의 조합을 제한없이 생성할 수 있는 타입으로, 주로 다양한 주문을 통한 자체제작을 하는 수공예 가구 또는 주얼리 등의 상품들에 쓰고 있습니다. 옵션별 재고수량 관리는 되지 않습니다.
독립 선택형	독립적인 조건 여러 개를 각각 선택할 수 있는 옵션으로 여러 개의 옵션을 필수로 선택해야 하거나, 본 상품과 사은품같이 필수 옵션과 선택 옵션을 선택할 수 있는 구성입니다.

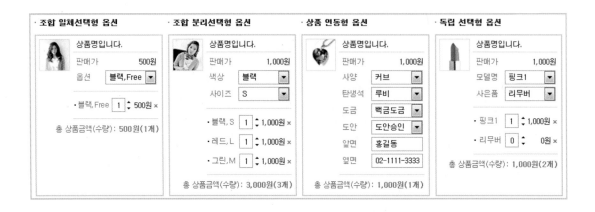

❸ **옵션설정** : 옵션 입력방식을 설정합니다. '직접 입력하기'를 선택합니다.

❹ **옵션입력** : 옵션을 입력합니다.

❺ 옵션명을 입력합니다.

❻ 옵션값을 입력합니다. 옵션 값은 입력 후 ┌ **Enter** ┐ 를 클릭합니다.

❼ '−' 버튼을 클릭하면 옵션 수가 줄고, '+' 버튼을 클릭하면 옵션 수가 늘어납니다.

❽ [모든 옵션 품목 추가] 버튼을 클릭합니다.

❾ **재고관리 사용** : '사용함'을 체크 시 재고관리를 사용합니다. '사용안함'을 체크 시 재고관리를
　　　　　　　　　사용하지 않습니다.

❿ **재고 수량** : 재고관리를 할 경우 재고를 입력합니다.

⓫ **품절기능** : 체크 시 재고 수량이 0이 됐을 때 상품이 품절 처리됩니다.

⓬ 여러 개의 옵션에 체크를 하고 [일괄설정] 버튼을 클릭하면 일괄 설정을 할 수 있습니다.

❸ [일괄설정] 창이 나타나면 변경할 옵션정보를 선택합니다.

❹ [선택항목 일괄설정] 버튼을 클릭합니다.

❺ 추가 금액 설정 : [+], [−] 선택 폼이 있는 곳에 추가금액을 입력합니다.

아래는 조합 분리 선택형 옵션 및 추가금액이 적용된 모습입니다.

추가입력 옵션

고객이 상품을 주문할 때 판매자에게 별도로 전달할 내용이 있을 경우 직접 입력할 수 있게 하는 옵션입니다.

❶ '사용'에 체크합니다.
❸ 필수인지 선택인지 체크합니다.
❷ 추가 옵션명을 입력합니다.
❹ 글자 수를 제한할 수 있습니다.
❺ 입력 필드를 추가하거나 삭제합니다.

아래는 추가입력 옵션이 적용된 모습입니다.

파일첨부 옵션

단순한 텍스트가 아닌 고객이 직접 파일 첨부를 할 수 있도록 해주는 옵션입니다.

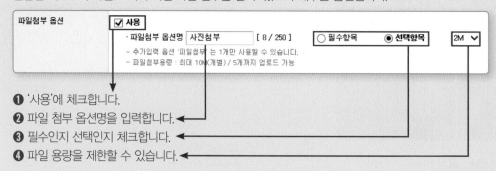

❶ '사용'에 체크합니다.
❷ 파일 첨부 옵션명을 입력합니다.
❸ 필수인지 선택인지 체크합니다.
❹ 파일 용량을 제한할 수 있습니다.

아래는 추가입력 옵션이 적용된 모습입니다.

상품 대표 이미지 등록하기

글자 그대로 쇼핑몰을 대표하는 이미지를 등록하는 기능으로 원하는 방식에 따라 노출 방식을 다르게 할 수 있습니다.

(1) 대표 이미지 등록

메인 및 상세 페이지 등에 노출되는 이미지가 하나의 대표 이미지로 표시됩니다.

❶ '대표이미지 등록'을 체크한 후 [등록] 버튼을 클릭합니다.

❷ 나타난 창에서 대표 이미지로 선택할 이미지를 선택하고 [열기]를 클릭합니다.

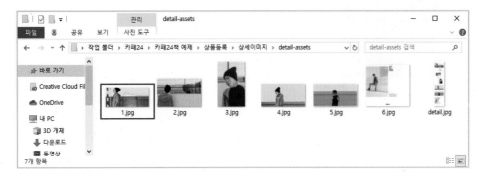

❸ 대표 이미지가 등록되었습니다.

– [변경] 버튼을 클릭하면 이미지를 변경할 수 있습니다.

– [삭제] 버튼을 클릭하면 이미지를 삭제할 수 있습니다.

대표 이미지로 등록된 상태의 쇼핑몰 모습입니다. 메인 목록에 나타나는 이미지와 상세 페이지에 나타나는 이미지가 동일합니다.

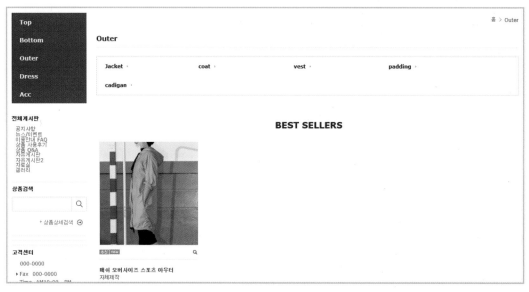

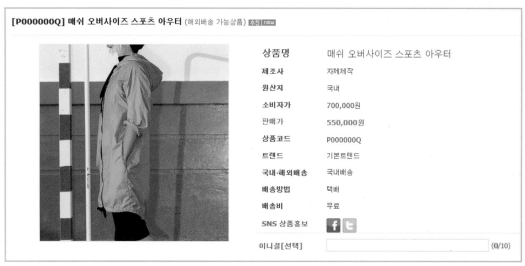

(2) 개별 이미지 등록

메인 및 상세 페이지 등에 노출되는 이미지를 다르게 표시하고 싶을 때 사용합니다.

❶ '개별이미지 등록'을 체크합니다.
❷ 두 번째 목록 이미지의 [변경] 버튼을 클릭합니다.

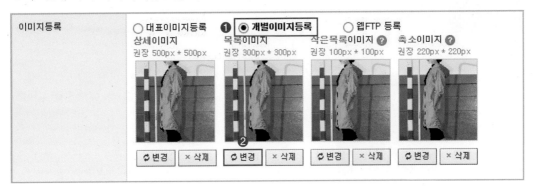

❸ 창이 나타나면 목록에 등록할 대표 이미지를 선택하고 [열기] 버튼을 클릭합니다.

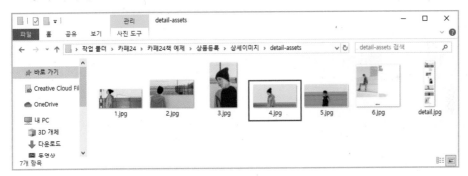

❹ 목록 이미지가 바뀌었습니다.

개별 이미지로 등록했을 때의 쇼핑몰 화면 모습으로, 메인 목록 이미지와 상세 페이지의 이미지가 다르게 적용된 상태로 나타납니다.

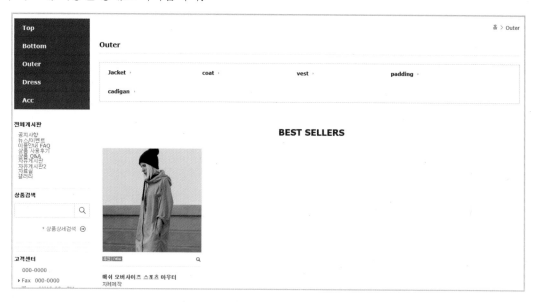

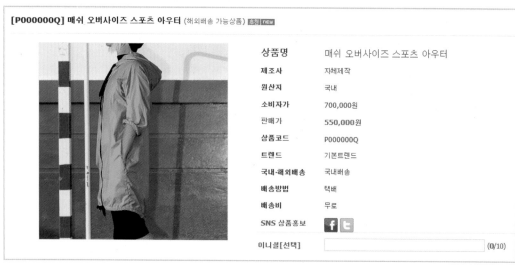

확대 이미지 추가 등록

상세 페이지의 대표 이미지 아래에 추가 이미지를 등록하는 기능입니다. 예를 들어, 쇼핑몰 화면 상에서 고객이 특정 상품 이미지로 마우스를 가져갔을 때 추가적으로 보여질 이미지를 지정할 수 있습니다.

❶ '확대이미지 추가 등록'을 체크합니다.
❷ [이미지 불러오기] 버튼을 클릭합니다.

❸ 나타난 창에서 추가할 이미지를 모두 선택하고 [열기] 버튼을 클릭합니다.

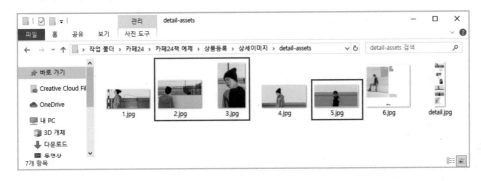

❹ 추가 이미지가 등록되었습니다. 마음에 안드는 경우 [삭제] 버튼을 누르면 삭제됩니다.

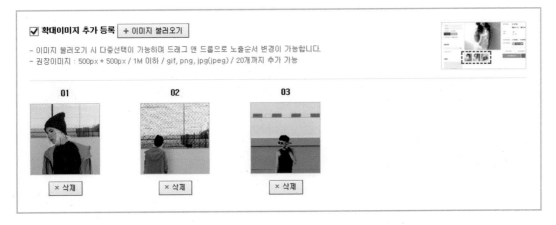

쇼핑몰 화면에서 추가 이미지가 적용된 모습입니다. 마우스를 올리면 대표 이미지가 추가 이미지 확대보기로 변경됩니다.

상품 등록시 목록에 뜨는 이미지의 사이즈를 변경할 수 있습니다.

■ 메뉴위치 : 상품관리 〉 상품등록 〉 상품등록 〉 이미지 정보

❶ [이미지 사이즈 변경] 버튼을 클릭합니다.

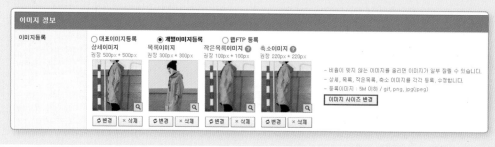

❷ 이미지 사이즈 변경 창이 나타나면 원하는 사이즈를 입력합니다.

❸ [저장] 버튼을 클릭합니다.

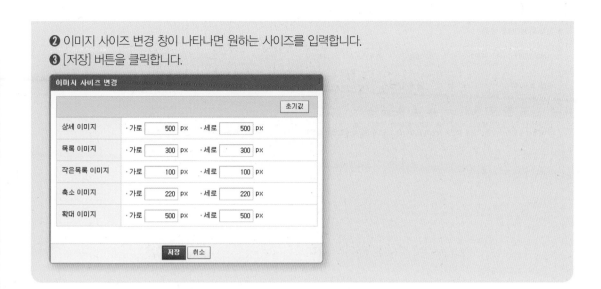

제작 정보 입력하기

상품의 제작 정보를 입력하는 곳으로, 여기에 제작 정보를 입력해도 되지만 상세 페이지를 제작할 때 입력을 해도 됩니다.

상세 이용안내

❶ '기본정보 사용'을 체크하면 상점 관리에서 설정한 이용안내를 사용합니다.

❷ '직접등록'을 체크하면 상품별 개별 상세 이용안내를 적용할 수 있습니다.

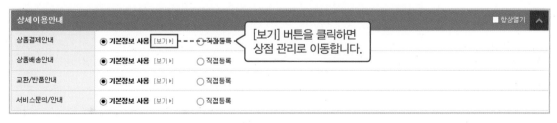

기타이용안내 설정

회원가입안내 ▾	주문안내 ▾	결제안내 ▾	배송안내 ▾	교환안내 ▾	환불안내 ▾	적립금 및 포인트 안내 ▾	배송정보 제공방침 안내 ▾

모바일 표시 여부	○ 표시함 ● 표시안함

B *I* U ≣ ≣ ≣ ≣ ≣ ≣ ▲ ✎ ⚓ ▦ ▦ —

- 산간벽지나 도서지방은 별도의 추가금액을 지불하셔야하는 경우가 있습니다.
고객님께서 주문하신 상품은 입금 확인후 배송해 드립니다. 다만, 상품종류에 따라서 상품의 배송이 다소 지연될 수 있습니다.

-- Font -- ∨   -- Size -- ∨   -- Heading -- ∨

[저장]   [표준안내 적용]

아이콘 설정하기

❶ 아이콘이 노출되는 기간을 설정합니다. 예를 들어 세일 기간에 맞추어 세일임을 표시하는 아이콘을 노출할 수 있습니다.

❷ 카페24에서 제공하는 아이콘을 사용하려면 [카페24 아이콘 추가하기] 버튼을 클릭합니다.

❸ 원하는 아이콘을 선택한 후 [추가] 버튼을 클릭합니다. 중복 선택이 가능합니다.

카페24 아이콘 추가 ⓘ

기본 아이콘	□ NEW	□ UPDATE	□ BEST	□ HIT	□ SALE	□ HOT	□ HOT TREND
	□ COUPON	□ LIMITED	□ EVENT	□ MD CHOICE	□ REORDER	□ HURRY UP	□ MUST HAVE

❹ 지정한 아이콘이 나타나면 등록하고 싶은 아이콘을 체크합니다.

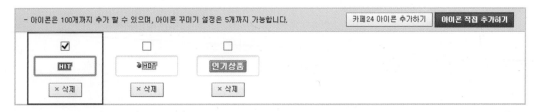

❺ 직접 만든 아이콘을 추가하고 싶으면 [아이콘 직접 추가하기] 버튼을 클릭합니다.
❻ 나타난 창에서 제작한 아이콘을 선택한 후 [열기]를 클릭합니다.

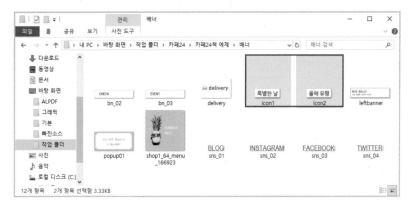

❼ 등록할 아이콘을 체크합니다.

❽ 아이콘이 추가된 모습입니다.

기본 상품 아이콘 설정하기

상품에 기본으로 노출되는 아이콘 사용 유무를 설정할 수 있습니다.

■ 메뉴위치 : 쇼핑몰 설정 〉 상품 설정 〉 상품 관련 설정

❶ [상품 관련 설정] 탭을 클릭합니다.

❷ [상품 아이콘 설정]을 '사용함' 또는 '사용안함'으로 체크합니다.

❸ [저장] 버튼을 클릭합니다.

관련 상품 등록하기

상세 페이지에 등록되는 상품과 관련된 상품이 있는 경우 등록하는 곳입니다.

❶ 관련 상품 사용을 '사용함'으로 체크합니다.

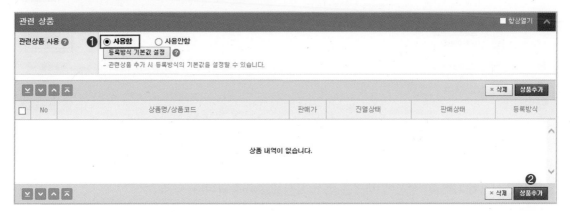

❷ [상품추가] 버튼을 클릭합니다.

❸ 상품명, 분류 카테고리 등으로 상품을 검색할 수 있습니다.

❹ 상품 목록이 나타나면 관련 상품을 체크한 후 [선택] 버튼을 클릭하고, [닫기] 버튼을 클릭해서 창을 닫습니다.

❺ 등록방식에서 [상호등록]을 선택하면 등록하는 상품과 관련 상품의 상세 페이지에 서로 관련 상품으로 등록됩니다. [일방등록]을 선택하면 등록하는 상품에만 관련 상품이 등록됩니다.

	No.		상품명/상품코드	판매가	진열상태	판매상태	등록방식
☐	1		아일랜드 나시T (P0000000S)	250,000	진열함	판매함	상호등록 일방등록
☐	2		바닐라 스카이 PT (P000000U)	520,000	진열함	판매함	상호등록 ∨

❻ 관련 상품 순서변경 : 상품에 체크를 하고 화살표로 이동합니다.

	No		상품명/상품코드
☑	1		아일랜드 나시T (P0000000S)
☐	2		바닐라 스카이 PT (P000000U)

❼ 관련 상품이 노출된 모습입니다. [상품등록]을 클릭합니다.

❽ [확인] 창이 나타나면 [확인] 버튼을 클릭합니다.

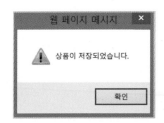

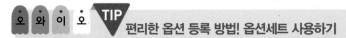

편리한 옵션 등록 방법! 옵션세트 사용하기

옵션 등록하기

동영상 강의 보기	QR코드로 바로보기
https://youtu.be/jFkcFPXCBp8	

■ 메뉴위치 : 상품관리 〉 상품옵션관리 〉 품목생성형 옵션

❶ [옵션등록]을 클릭합니다.

❷ 옵션 스타일을 '셀렉트 박스'로 선택합니다.
❸ 옵션명과 옵션값을 입력하고 [Enter]를 클릭합니다.

❹ [+] 버튼을 눌러 추가되는 입력 필드에 자주 사용하는 옵션값을 모두 입력하고 옵션 설명에 '컬러'라고 입력 후 [등록] 버튼을 클릭합니다.

❺ 옵션이 등록되었습니다. 같은 방법으로 다른 옵션도 등록하면 됩니다.

옵션세트 만들기

동영상 강의 보기	QR코드로 바로보기
https://youtu.be/jDTtO2FBS0M	

■ 메뉴위치 : 상품관리 〉 상품옵션관리 〉 품목생성형 옵션 세트

❶ [옵션등록]을 클릭합니다.

❷ 옵션세트명을 입력합니다.

❸ 세트에 등록할 옵션을 클릭하고 오른쪽 화살표 추가 버튼을 클릭합니다.

❹ 추가로 세트에 등록할 옵션을 클릭하고 오른쪽 화살표 추가 버튼을 클릭합니다.

❺ 옵션세트가 등록되었습니다.

옵션세트 불러오기

■ 메뉴위치 : 상품 〉 상품등록 〉 일반등록 〉 옵션/재고 설정

❶ 옵션사용 : '사용함'을 체크합니다.
❷ 옵션 구성방식 : '조합 분리선택형'을 체크합니다.
❸ 옵션설정 : '옵션세트 불러오기'를 체크합니다.

❹ 옵션세트 불러오기 : 등록한 옵션세트를 선택합니다.

❺ 원하는 옵션값을 체크한 뒤 [선택한 옵션 품목추가] 버튼을 클릭합니다. 만약 모든 옵션값을 추가할 경우
에는 [모든 옵션 품목추가] 버튼을 클릭합니다.

❻ 옵션 세트를 사용하여 옵션이 등록되었습니다.

3. 상품 간단 등록하기

■ 메뉴 위치 : 상품 > 상품등록 > 간단등록

상품을 간단하게 등록하는 방법으로, 쇼핑몰에 상품을 진열하는데 필요한 기본 정보를 입력합니다. 상세한 상품 정보 관리가 필요하면 상품 등록에서 상품을 등록해야 합니다.

간단 등록

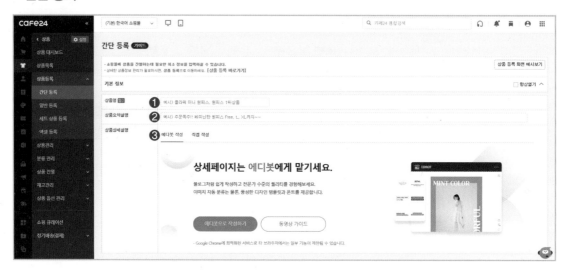

❶ **상품명** : 상품명을 입력합니다.
❷ **상품요약설명** : 상품의 요약설명을 입력합니다.

▲ 쇼핑몰 요약설명 미리보기

❸ 상품상세설명 : 상품의 상세 이미지를 등록하는 부분입니다.

❹ 판매가 : 상품의 판매가를 입력합니다.

❺ 표시상태설정 : '진열상태'와 '판매상태' 여부를 변경합니다.

❻ 상품분류선택 : 카테고리 명을 클릭하면 카테고리가 바로 선택됩니다. 간단 등록 시 카테고리 는 중복 선택할 수 없습니다.

상품분류선택	대분류	중분류	소분류	상세분류
	Top > Bottom > Outer > Dress > Acc >			
	· 선택된 상품분류 Dress × 삭제			

❼ 옵션/재고 설정 : 옵션과 재고를 설정합니다.

옵션/재고 설정		□ 항상열기 ∧
상품옵션설정	· 옵션사용 ○ 사용함 ● 사용안함	

❽ 상품이미지등록 : 대표 이미지를 등록합니다. 간단 등록 시 대표 이미지의 개별 이미지 등록은 사용할 수 없습니다. [상품등록] 버튼을 클릭합니다.

❾ 등록이 완료된 상태의 화면입니다. 주의할 점은 간단등록은 메인 상품에 등록되지 않기 때문에 메인 페이지에 등록을 원하면 따로 설정해 주어야 합니다.

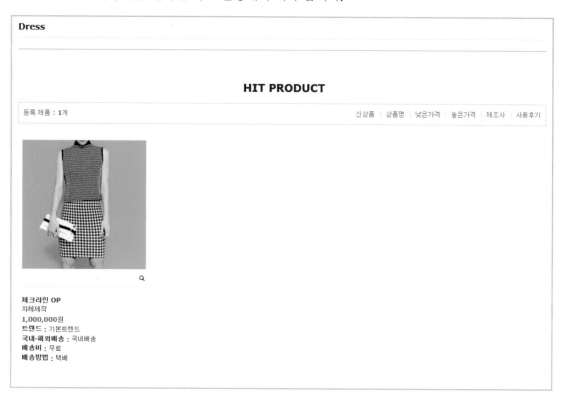

4. 세트 상품 등록하기

동영상 강의 보기	QR코드로 바로보기
https://youtu.be/Psi0vntGoaw	

■ 메뉴위치 : 상품 > 상품등록 > 세트상품 등록

등록된 상품을 묶어서 세트 형태로 판매할 경우 사용합니다.

표시 설정

방법은 일반 상품 등록하는 방법과 동일합니다.

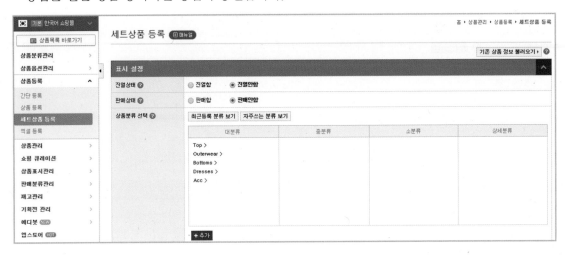

기본 정보

일반 상품 등록하는 방법과 동일한 방식으로 상품 정보를 입력합니다.

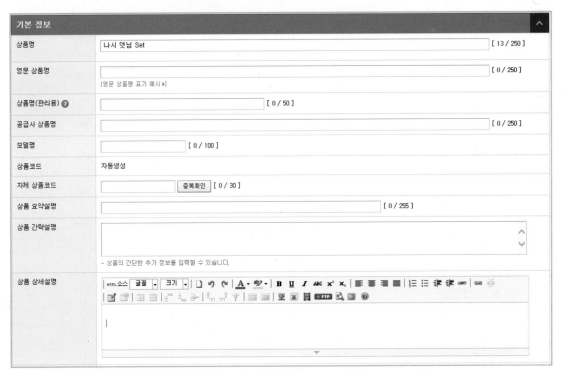

세트상품 구성

❶ 세트로 지정할 상품을 선정하기 위해 [상품선택] 버튼을 클릭합니다.

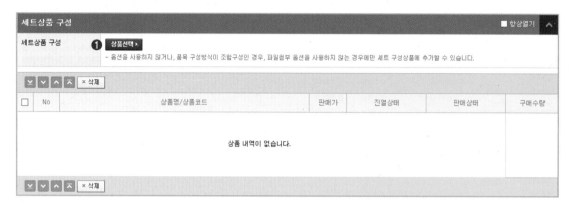

❷ 세트로 등록할 상품명 또는 상품이 있는 분류를 선택하고 검색합니다.

❸ 세트로 등록할 상품을 체크하고 [선택] 버튼을 클릭합니다.

❹ [닫기] 버튼을 클릭합니다.

❺ 지정한 세트 상품이 등록되었습니다.

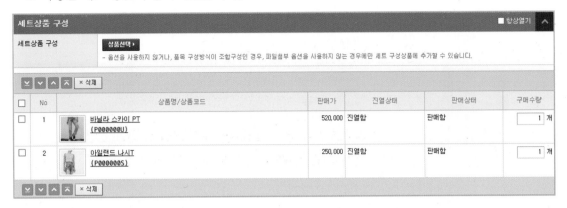

판매 정보

❶ 세트로 지정하게 되면 기본적으로 두 개의 상품이 더해진 가격이 판매 정보에 나타납니다.

❷ 세트 구입시 적용할 세트 할인 금액 또는 할인 비율을 입력합니다.

이미지 정보

❶ 세트상품 대표 이미지를 등록합니다.

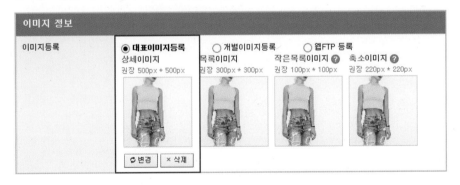

❷ 모든 지정이 완료되면 맨 하단에 나오는 [상품등록] 버튼을 클릭합니다.

지정한 조건으로 세트 상품이 등록되었습니다.

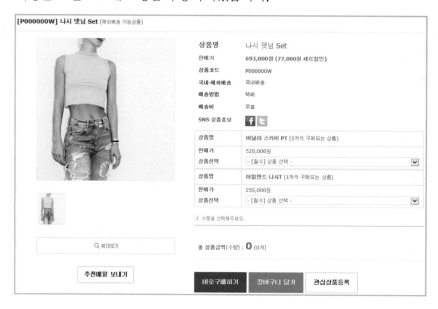

5. 상품 엑셀 대량 등록하기

등록할 상품이 많은 경우 일일이 등록하는 것보다 엑셀 프로그램을 이용하여 처리하면 매우 편리합니다. 방법은 카페24에서 제공하는 엑셀 양식을 다운받아 서식에 맞게 미리 작업한 다음 한꺼번에 업로드시키면 됩니다.

■ 메뉴위치 : 상품 > 상품관리 > 상품 엑셀 관리

양식 다운로드

(1) 엑셀 양식 다운로드

[상품등록 엑셀 다운로드] 버튼을 클릭하여 양식을 내 컴퓨터에 받습니다.

다운받은 엑셀 양식입니다.

	A	B	C	D	E	F	G	H	I	J	K	L	M
1	상품코드	자체 상품코드	진열상태	판매상태	상품분류	상품분류	상품분류	상품명	영문 상품	상품명(관리	공급사 상	모델명	상품 요약
2	P000000I	ABCDEF1	Y	Y	29	Y	Y	샘플상품1	Sample1		공급사 상	AD-2	상품 요약
3	P000000J	ABCDEF2	Y	Y	26|29|30	N|Y|Y	N|Y|Y	샘플상품2	Sample2		공급사 상	품명2	상품 요약
4			N	Y	29	N	N	샘플상품3					

(2) 상품 코드정보 다운로드

위 화면에서 [상품 코드정보 조회] 버튼을 클릭하면 아래와 같은 화면이 나타납니다. [전체 코드
정보 다운로드] 버튼을 클릭합니다.

다운받은 전체 코드정보 양식입니다.

	A	B	C
1	구분	코드	이름
2	제조사	M0000000	자체제작
3	공급사	S0000000	자체공급
4	브랜드	B0000000	자체브랜드
5	트렌드	T0000000	기본트렌드
6	원산지	1	강릉시
7	원산지	2	고성군
8	원산지	3	동해시
9	원산지	4	삼척시
10	원산지	5	속초시
11	원산지	6	양구군
12	원산지	7	양양군
13	원산지	8	영월군
14	원산지	9	원주시
15	원산지	10	인제군
16	원산지	11	정선군
17	원산지	12	철원군
18	원산지	13	춘천시
19	원산지	14	태백시
20	원산지	15	평창군

엑셀 업로드

❶ [파일 선택] 버튼을 클릭합니다.

❷ 업로드할 엑셀 파일을 찾아서 [열기] 버튼을 클릭합니다.

❸ 업로드 창으로 돌아오면 [엑셀 업로드] 버튼을 클릭합니다.

❹ [이미지 업로드] 버튼을 클릭하고 FTP를 합니다.

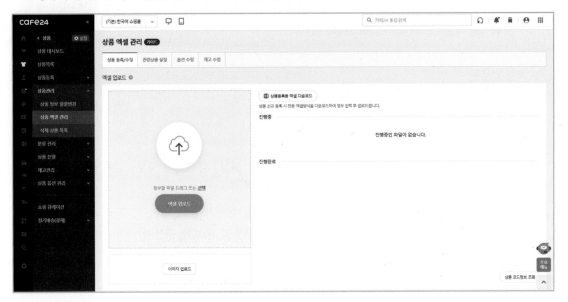

– 엑셀에 입력한 상세 이미지를 FTP 합니다.

– 엑셀에 입력한 대표 이미지를 아래 경로에 FTP 합니다.

AL	이미지등록(상세)	- /web/product/big/ 에 FTP 등을 통해 미리 등록된 이미지 경로 입력 예시) /web/product/big/image.jpg
AM	이미지등록(목록)	- /web/product/medium/ 에 FTP 등을 통해 미리 등록된 이미지 경로 입력 예시) /web/product/medium/image.jpg
AN	이미지등록(작은목록)	- /web/product/tiny/ 에 FTP 등을 통해 미리 등록된 이미지 경로 입력 예시) /web/product/tiny/image.jpg
AO	이미지등록(축소)	- /web/product/small/ 에 FTP 등을 통해 미리 등록된 이미지 경로 입력 예시) /web/product/small/image.jpg

◆ FTP는 168쪽을 참고하세요.

까페24 엑셀 안내사항

양식 다운로드

- 신규 상품을 등록하는 경우는 먼저 엑셀 양식을 다운받으세요.
- 이미 등록된 상품을 수정하는 경우는 상품 목록에서 수정할 상품을 [엑셀다운로드]를 통해 '기본양식'으로 다운받아 수정합니다.
- 상품 엑셀 양식은 비정기 업데이트가 진행됩니다. 상품 등록 시 에러가 발생할 경우 최신 버전 엑셀 양식을 다운로드해 다시 업로드해야 합니다.

엑셀 업로드

1) 기본 사양안내

- 엑셀 입력방법 안내
- 신규상품 등록 시 필수 입력항목은 '쇼핑몰 설정 〉 상품 설정 〉 상품정책 설정 〉 상품 관련 설정'의 '판매가 계산 기준 설정' 항목의 설정값에 따라 다릅니다.
  '판매가 계산 기준 설정' 항목이 '상품가' 인 경우 : 상품명, 상품가, 공급가
  '판매가 계산 기준 설정' 항목이 '상품가' 이외인 경우 : 상품명, 판매가, 공급가
- 상품수정 시 필수 입력항목은 '상품코드'입니다.
- 한국어 이외의 언어로 수정하려면 파일형식을 "Excel 통합문서(*.xlsx)" 혹은 "Excel 통합문서(*.xls)"로 저장하여 업로드합니다.
- 최대 업로드 가능한 상품 수는 "1000"개 입니다.
- 상품의 옵션품목 개수가 1,000개 이상 등록된 경우, 화면 접속 시 정상적으로 로딩되지 않을 수 있으니 주의하세요.
- 값 입력 시, 필요없는 공백(띄어쓰기)을 추가하면 정상적으로 동작하지 않을 수 있으니 주의하세요.
- 일부 엑셀 항목을 삭제하여 업로드할 경우 해당 항목의 정보는 업데이트되지 않습니다.
- 기본양식으로 제공되는 항목외에 항목을 엑셀에 추가하여 업로드할 경우, 업로드가 성공되더라도 해당 정보는 업데이트되지 않습니다.
- [상점관리 〉 운영관리 〉 운영방식 설정] 메뉴에서 '상품 관련 설정' 탭의 '옵션 자동 번역' 항목이 '사용함'으로 설정되어 있으면, 등록되는 상품의 옵션에 대해서 자동으로 번역이 진행됩니다.
- ※ 상품 등록 후 옵션 번역 완료까지의 시간 차이로 인해 옵션값이 잠시동안 국문으로 표시될 수 있습니다.
- ※ 옵션 자동 번역은 '영어, 일본어, 중국어(간체), 대만어(번체)'에 대해서 지원을 합니다.

2) 상품 신규등록 및 상품수정 방법

(1) 상품 신규등록

• 상품 신규등록 시 상품코드는 비워두기 바랍니다. 상품코드는 상품등록 후에 시스템에서 자동 생성됩니다.

• 옵션을 사용하는 경우에는 엑셀 업로드시에 입력한 옵션내용을 바탕으로 품목이 생성됩니다.

(2) 상품 수정

• 상품 수정 시에는, 이미 등록된 상품코드를 쓰시면 해당 상품의 정보가 수정됩니다.
  (상품코드 : 자체 상품코드가 아닌, 상품 등록 시 자동으로 발급되는 상품 고유의 코드)

• 이미 옵션을 사용하고 있는 경우, 옵션사용여부나 품목구성방식은 엑셀등록에서 변경할 수 없습니다.

• 상품의 옵션 및 품목을 추가하길 원하실 경우에는 상품수정에서 직접 수정하시거나, 옵션/재고 수정 탭을 이용해주시기 바랍니다.

• '상품 분류관리 등록/수정' 권한에 의해 제한된 경우, "상품분류 번호, 상품분류 신상품영역, 상품분류 추천상품 영역"은 변경할 수 없습니다.

• '상품 수정' 권한에 의해 제한된 경우, "상품명, 과세구분, 소비자가, 공급가, 판매가"는 변경할 수 없습니다.

• 멀티쇼핑몰 상품 정보를 엑셀로 수정했을 경우 '기본쇼핑몰 정보 공통사용'에 체크 여부를 다시 한 번 확인하고 저장하기 바랍니다.

6. 상품 관리하기

카페24 관리자 페이지에서 등록된 상품을 관리하는 곳으로 상품 개별 수정 및 일괄 관리가 가능합니다.

■ 메뉴위치 : 상품 > 상품목록

상품목록 바로가기
상품에 대해 삭제, 수정 등을 할 수 있습니다.

❶ [상품목록 바로가기] 버튼을 클릭하면 상품 목록 메뉴로 바로 갈 수 있습니다.

상품목록 검색

❶ 상품명 및 카테고리를 선택합니다.

❷ [검색] 버튼을 클릭합니다.

❸ 하단에 검색한 상품 목록이 나타납니다.

상품 수정

❶ 상품의 이름을 클릭합니다.

또는 상품 썸네일 이미지에 마우스를 올리고 [상품 상세보기]를 클릭합니다.

❷ 상품 수정창이 나타나면 탭 메뉴에서 수정할 탭을 선택하고 상품정보를 수정합니다.

❸ [상품 수정] 버튼을 클릭합니다.

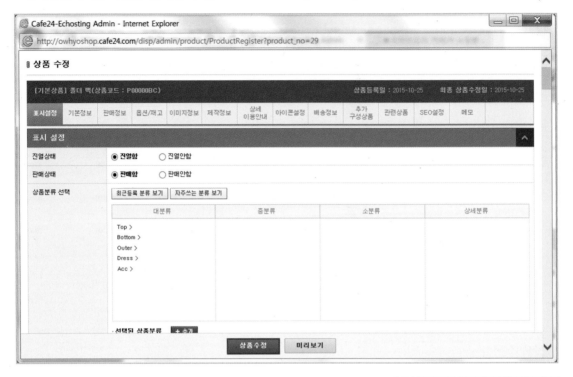

❹ [확인] 버튼을 클릭합니다.

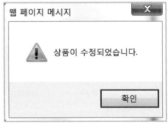

상품 일괄 수정하기

목록에서 변경할 상품들을 복수로 선택해서 한 번에 상품 정보를 수정할 수 있습니다.

(1) 상품진열, 판매관리

❶ 관리할 상품에 체크를 한 후 원하는 옵션을 클릭합니다.

			상품코드		상품명	판매가	할인가	모바일할인가
☑	21	기본상품	P00000BC		폴더 벽	920,000	920,000	920,000
☐	20	기본상품	P00000BB		스트라이프 T	400,000	400,000	400,000
☐	19	기본상품	P00000BA		민트젤리 샌들	380,000	380,000	380,000

(2) 상품 복사하기

❶ 복사를 할 상품을 체크합니다.

	No	상품구분	상품코드		상품명	판매가	할인가	모바일할인가
☑	21	기본상품	P00000BC		폴더 벽	920,000	920,000	920,000
☐	20	기본상품	P00000BB		스트라이프 T	400,000	400,000	400,000
☐	19	기본상품	P00000BA		민트젤리 샌들	380,000	380,000	380,000

진열함 진열안함 판매함 판매안함 복사 ✕삭제 분류수정▸ 메인진열수정▸ ☑엑셀다운로드▸ 　상품진열 **상품등록** ⚙설정

❷ [복사] 버튼을 클릭합니다.

❸ [확인] 버튼을 클릭합니다.

❹ 상품이 복사되었습니다.

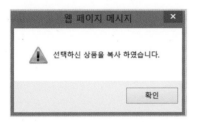

	No	상품구분	상품코드		상품명	판매가	할인가	모바일할인가
☐	22	기본상품	P00000BD		폴더 벽	920,000	920,000	920,000
☐	21	기본상품	P00000BC		폴더 벽	920,000	920,000	920,000
☐	20	기본상품	P00000BB		스트라이프 T	400,000	400,000	400,000

진열함 진열안함 판매함 판매안함 복사 ✕삭제 분류수정▸ 메인진열수정▸ ☑엑셀다운로드▸ 　상품진열 **상품등록** ⚙설정

(3) 상품 삭제

❶ 삭제를 할 상품을 체크합니다.

	No	상품구분	상품코드		상품명	판매가	할인가	모바일할인가
☑	22	기본상품	P00000BD		폴더 벽	920,000	920,000	920,000
☐	21	기본상품	P00000BC		폴더 벽	920,000	920,000	920,000
☐	20	기본상품	P00000BB		스트라이프 T	400,000	400,000	400,000

❷ [삭제] 버튼을 클릭합니다.

❸ [확인] 버튼을 클릭합니다.

❹ 상품이 삭제되었습니다.

	No	상품구분	상품코드		상품명	판매가	할인가	모바일할인가
☐	21	기본상품	P00000BC		폴더 벽	920,000	920,000	920,000
☐	20	기본상품	P00000BB		스트라이프 T	400,000	400,000	400,000

(4) 상품 분류 수정

❶ 분류를 수정할 상품을 체크합니다.

❷ [분류수정] 버튼을 클릭합니다.

❸ 변경할 상품 분류를 선택하고 [추가] 버튼을 클릭합니다.

❹ 수정 방식 선택에서 변경을 원하면 '변경', 추가를 원하면 '추가'를 체크합니다.

❺ [확인] 버튼을 클릭합니다.

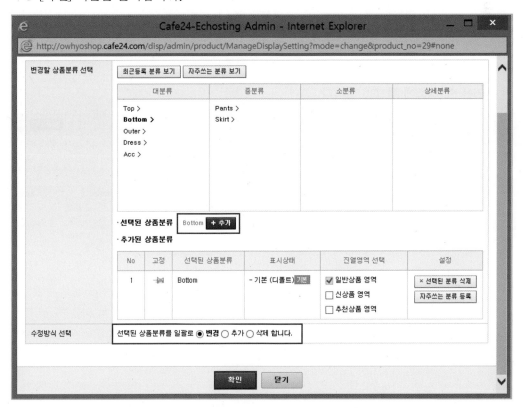

❻ 최종적으로 Bag이 Bottom 분류로 이동되었습니다.

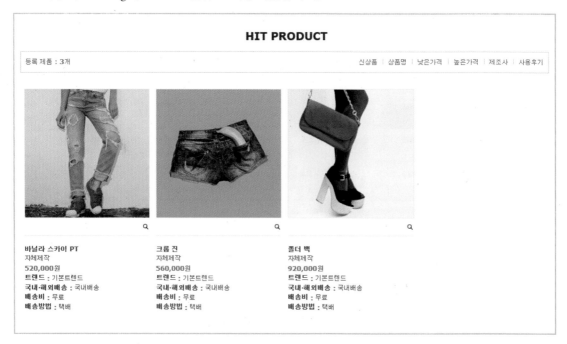

(5) 상품 메인 진열 수정

❶ 메인 진열을 할 상품에 체크를 합니다.

	No	상품구분	상품코드		상품명	판매가	할인가	모바일할인가
☑	21	기본상품	P00000BC		폴더 백	920,000	920,000	920,000
☐	20	기본상품	P00000BB		스트라이프 T	400,000	400,000	400,000
☐	19	기본상품	P00000BA		민트젤리 샌들	380,000	380,000	380,000

❷ 진열을 할 메인 카테고리에 체크를 합니다.

❸ '추가'를 체크하고 [확인] 버튼을 클릭합니다.

❹ [닫기] 버튼을 클릭합니다.

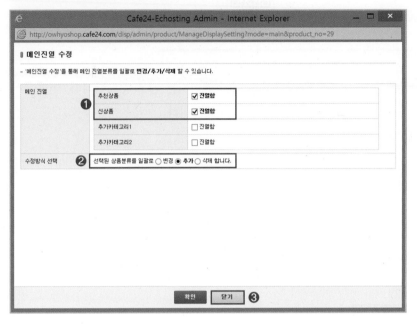

❺ 메인에 상품이 진열되었습니다.

7. 메인 상품 관리하기

동영상 강의 보기	QR코드로 바로보기
https://youtu.be/oiWIHX8ijZE	

고객들이 쇼핑몰을 방문했을 때 처음으로 나타나는 메인 페이지는 매우 중요합니다. 이곳에서는 메인 페이지에 노출시킬 상품을 진열하고 관리하는 방법을 배웁니다.

■ 메뉴 위치 : 상품 > 상품진열 > 메인 진열

메인 추천상품 일괄 등록하기

메인 페이지에 추천상품을 일괄 등록할 수 있습니다.

❶ [메인 분류]를 '추천상품'으로 선택합니다.

❷ [검색] 버튼을 클릭합니다.

❸ [상품추가] 버튼을 클릭합니다.

❹ 나타난 상품추가 창에서 '상품명' 또는 '분류'를 선택하고 [검색] 버튼을 클릭합니다. 이때 전체 상품에서 추가할 경우 바로 상품 목록으로 갑니다.

❺ 상품 목록에서 추천상품에 진열할 상품을 체크합니다.

❻ [선택] 버튼을 클릭합니다.

❼ 추가되었다는 알림 창이 나타나면 [닫기] 버튼을 클릭합니다.

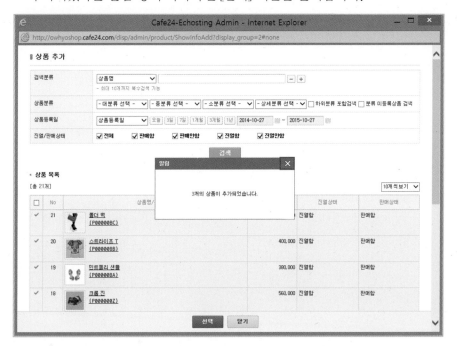

❽ 메인 추천상품이 등록되었습니다.

추천상품

체크라인 OP
자체제작
1,000,000원
트렌드 : 기본트렌드
국내·해외배송 : 국내배송
배송비 : 무료
배송방법 : 택배

아일랜드 나시T
자체제작
250,000원
트렌드 : 기본트렌드
국내·해외배송 : 국내배송
배송비 : 무료
배송방법 : 택배

팝스타 니트
자체제작
350,000원
트렌드 : 기본트렌드
국내·해외배송 : 국내배송
배송비 : 무료
배송방법 : 택배

바닐라 스카이 PT
자체제작
520,000원
트렌드 : 기본트렌드
국내·해외배송 : 국내배송
배송비 : 무료
배송방법 : 택배

메인 신상품 일괄 등록하기

신상품이 입고되었을 경우 메인 페이지에 신상품을 일괄 등록할 수 있습니다.

❶ '신상품'을 선택하고 [검색] 버튼을 클릭합니다. 이후에는 메인 추천상품 등록 방법과 동일한 방식으로 진행합니다.

❷ 신상품이 등록된 화면입니다.

메인 상품 진열여부 및 순서 변경하기

(1) 메인 상품 진열

❶ 진열하지 않을 상품을 체크합니다.

❷ [진열안함] 버튼을 클릭합니다.

(2) 메인상품 순서 변경하기

❶ 순서를 변경할 상품을 체크합니다.

❷ 화살표를 눌러서 순서를 조절합니다.

❸ [확인] 버튼을 클릭합니다.

메인 카테고리 명칭 바꾸기

화면에 나타나는 '분류명'을 '추천상품'은 'best'로, '신상품'은 'new'로 변경해보기로 합니다.

❶ [메인분류 관리] 버튼을 클릭합니다.

❷ 추천상품 분류명을 수정합니다.

❸ 신상품 분류명을 수정합니다.

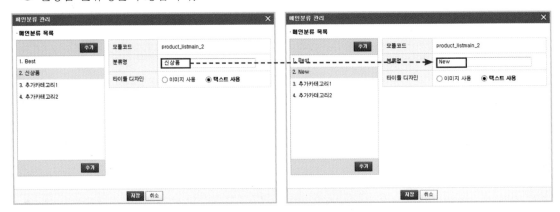

❹ 저장 여부를 묻는 창이 나타나면 [확인]을 클릭합니다.

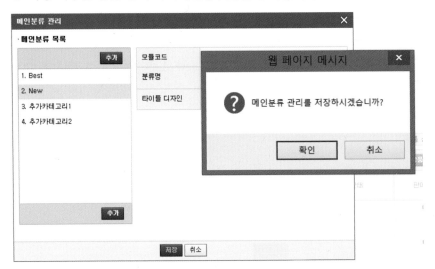

❺ 저장 완료창이 나타나면 [확인] 버튼을 클릭합니다.

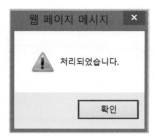

❻ 메인 카테고리 명칭이 수정되었습니다.

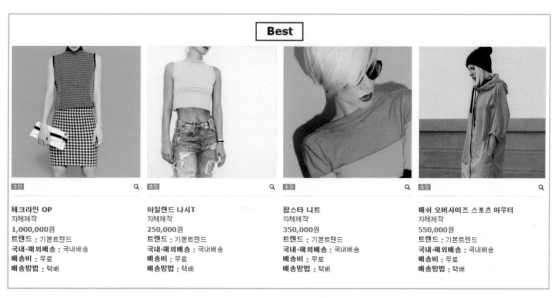

메인 카테고리 개수 추가하기

기본으로 주어지는 4개의 메인 카테고리 외에 추가로 카테고리가 더 필요할 때에 카테고리를 추가할 수 있습니다.

❶ [메인분류 관리] 버튼을 클릭합니다.

❷ [추가] 버튼을 클릭하면 추가 분류가 생깁니다.

❸ 분류명을 수정합니다.

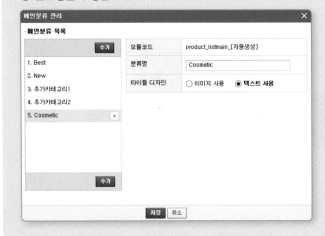

❹ 저장 여부를 묻는 창이 나타나면 [확인]을 클릭합니다.

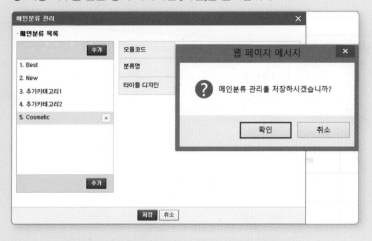

❺ 저장이 완료되었다는 창이 나타나면 [확인] 버튼을 클릭합니다.

8. 상품 정보표시 설정하기

동영상 강의 보기	QR코드로 바로보기
https://youtu.be/IzM2QHWSq4E	

■ 메뉴위치 : 쇼핑몰 설정 > 상품 설정 > 상품 정보 표시 설정

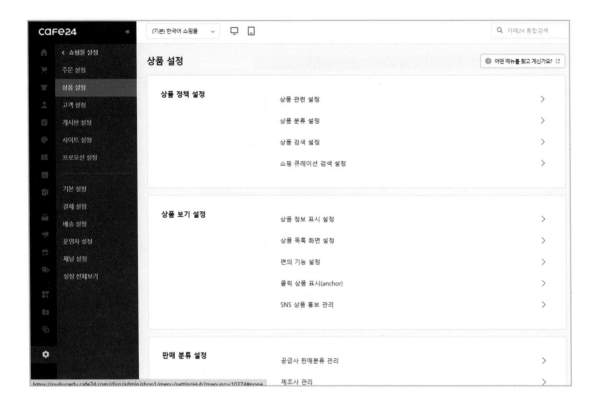

탭 선택하기

(1) 메인화면 탭

메인화면 상품정보 표시를 설정합니다.

❶ [메인화면] 탭을 선택합니다.
❷ 원하는 상세분류를 선택합니다.

상세분류를 추천상품으로 선택하면 해당 모듈만 수정이 됩니다.

(2) 상품목록 탭

대분류 카테고리를 클릭했을 때 나타나는 상품정보 표시를 설정합니다.

❶ [상품목록] 탭을 클릭합니다.
❷ 원하는 상세분류를 선택합니다.

상품목록의 추천상품 부분 화면입니다.

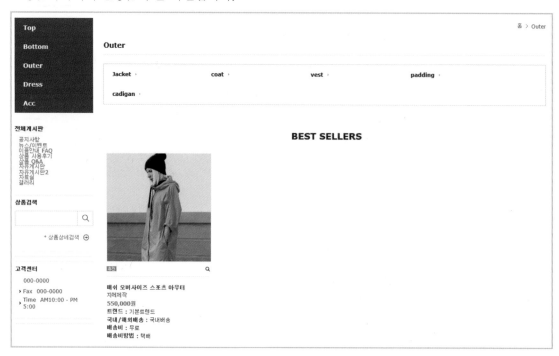

상품목록의 일반상품 부분 화면입니다.

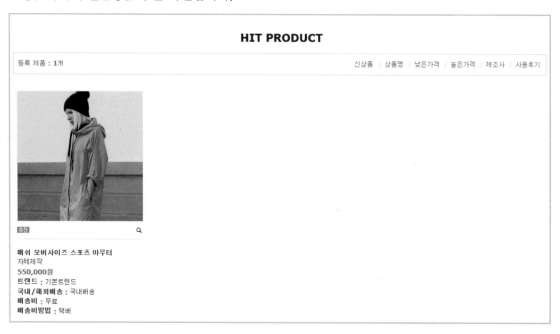

(3) 상품상세 탭

상품 상세 페이지의 상품정보 표시를 설정합니다.

❶ [상품상세] 탭을 클릭합니다.

❷ 상세 페이지 화면입니다.

정보 표시 설정하기

(1) 정보 수정

❶ 항목들의 표시설정을 '표시함' 또는 '표시 안함'으로 선택합니다.

❷ [확인] 버튼을 클릭합니다.

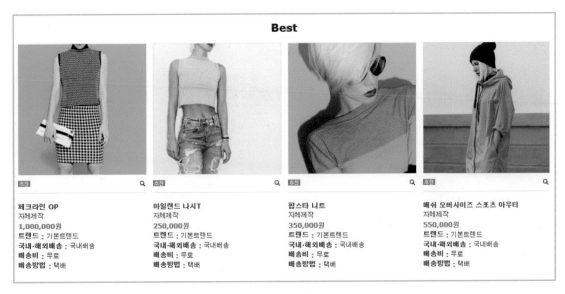

▲ 수정 전

표시정보가 수정되었습니다.

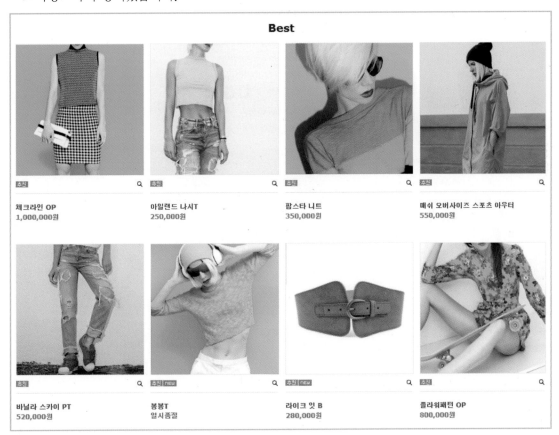

▲ 수정 후

❸ 신상품, 상품목록, 상품상세 탭을 클릭하여 같은 방법으로 설정합니다.

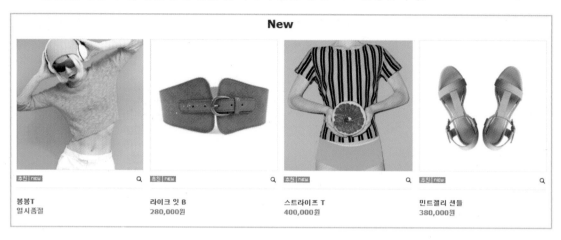

▲ 신상품 상품 정보표시 수정 후

▲ 상품상세 상품 정보표시 수정 후

(2) 디자인 수정

상품 정보 표시 부분의 디자인을 수정합니다.

❶ 수정할 부분을 탭에서 선택합니다.

❷ 상품명의 글자스타일에서 B를 클릭해서 글자를 두껍게 합니다.

❸ 판매가의 B가 클릭되어 있다면 클릭해서 풀어줍니다. 그러면 글자가 가늘게 됩니다.

❹ 컬러 팔레트를 클릭합니다.

❺ 색상을 선택하고 [선택] 버튼을 클릭합니다.

❻ [확인] 버튼을 클릭합니다.

❼ 상품 정보표시 디자인이 수정되었습니다.

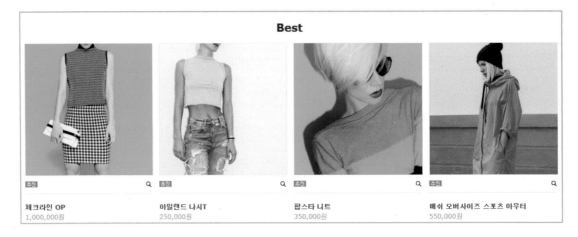

(3) 표시대상 설정

회원, 비회원 또는 회원 등급별로 나누어서 상품 정보를 표시할 수 있습니다.

❶ 원하는 항목의 표시대상을 '회원'으로 합니다. 판매가의 표시대상을 회원으로 할 경우 판매가는 회원에게만 노출됩니다.

❷ [확인] 버튼을 클릭합니다.

(4) 항목 추가하기

원하는 항목이 없는 경우 추가합니다.

❶ [항목 추가] 버튼을 클릭합니다.

❷ 항목명 표시 텍스트를 입력합니다.

❸ 항목 표시설정은 '표시함', 항목명 표시설정은 '표시안함'으로 선택합니다.

❹ [저장] 버튼을 클릭합니다.

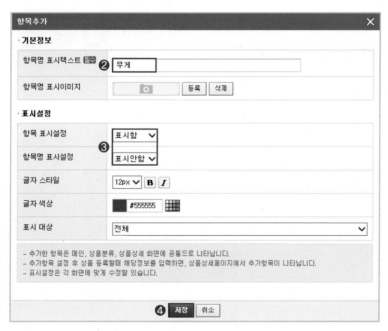

가장 마지막 목록에 무게 항목이 생성되었습니다.

❺ [확인] 버튼을 클릭합니다.

상품등록에도 무게 항목이 생성되었습니다.

〈항목명 표시설정 표시안함〉 〈항목명 표시설정 표시함〉

추천 🔍 추천 🔍

체크라인 OP
1,000,000원

상품명 : 체크라인 OP
판매가 : 1,000,000원

(5) 상품 정보표시 순서 변경

❶ 수정을 원하는 탭을 선택합니다.

┃ 상품정보표시 설정

메인화면 ▾   상품목록 ▾   상품상세 ▾

❷ 체크박스에 화살표 버튼을 클릭해서 순서를 변경합니다.

	No	표시설정	항목명	항목명 표시텍스트	항목명 표시이미지	글자 스타일	글자 색상	표시대상
☐	1	표시함 ▾	상품명	상품명	📷 등록	16px ▾ **B** *I*	■ #555555 ▦	전체 ▾
☐	2	표시안함 ▾	제조사	제조사	📷 등록	12px ▾ **B** *I*	■ #555555 ▦	전체 ▾
☑	9	표시함 ▾	상품코드	상품코드	📷 등록	12px ▾ **B** *I*	■ #555555 ▦	전체 ▾
☐	3	표시안함 ▾	원산지	원산지	📷 등록	12px ▾ **B** *I*	■ #555555 ▦	전체 ▾
☐	4	표시안함 ▾	소비자가	소비자가	📷 등록	12px ▾ **B** *I*	■ #555555 ▦	전체 ▾
☐	5	표시함	판매가	판매가	📷 등록	12px ▾ **B** *I*	■ #008BCC ▦	전체 ▾
☐	6	표시안함 ▾	쿠폰적용가	쿠폰적용가	📷 등록	12px ▾ **B** *I*	■ #555555 ▦	전체 ▾

항목 추가

❸ [확인] 버튼을 클릭합니다.

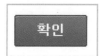

확인

9. 기획전 관리하기

기획전 만들기

■ 메뉴위치 : 상품 > 분류 관리 > 기획전 분류 관리

특별한 이벤트를 진행하고자 할 경우 기획전의 분류를 생성, 수정, 삭제할 수 있습니다. 분류는 2단계까지 생성이 가능합니다(대분류, 중분류). 예를 들어 대분류로 '여름 특가 세일'이라고 지정한 후 그 안에 중분류로 '바캉스 스페셜', '여름 정기세일' 등으로 세분화하여 구성할 수 있습니다.

(1) 대분류 만들기

❶ [대분류 추가] 버튼을 클릭합니다.

❷ 대분류명을 입력하고 [Enter]를 클릭합니다.

❸ 기획전 분류 정보의 표시상태를 '표시함'으로 체크합니다.

❹ 작업을 완료한 후 맨 하단에 나오는 [확인] 버튼을 클릭합니다.

❺ 기획전에 대한 배너가 노출되었습니다.

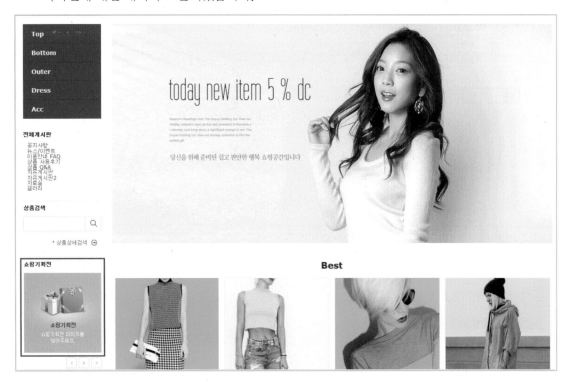

(2) 중분류 만들기

❶ 대분류를 선택한 후 [+] 버튼을 클릭합니다. ❷ 중분류명을 입력하고 [Enter] 를 클릭합니다.

❸ 기획전 분류 정보의 표시상태를 '표시함'으로 체크합니다.

❹ 모든 입력을 마친 후 맨 하단의 [확인] 버튼을 클릭합니다.

❺ 다른 기획전이 있다면 같은 방법으로 등록해 줍니다.

❻ [PC쇼핑몰 바로가기 🖳] 버튼을 클릭합니다. 기획전 배너를 클릭하면 기획전 대분류와 중분류가 등록된 것을 확인할 수 있습니다.

◆ 기획전 상품은 중분류에만 추가할 수 있기 때문에 중분류를 필수로 생성해야 합니다.

기획전 상품 등록하기

■ 메뉴위치 : 상품 > 상품 진열 > 기획전 진열관리

❶ 대분류와 중분류를 선택한 후 [상품 추가] 버튼을 클릭합니다.

❷ 기획전에 등록할 상품을 체크하고 [선택] 버튼을 클릭합니다.

❸ [닫기] 버튼을 클릭합니다.

❹ 모든 작업이 끝난 후 맨 하단의 [확인] 버튼을 클릭합니다.

❺ 기획전 상품이 등록된 화면이 나타납니다.

여름 특가세일

바캉스 스페셜 ›   여름 정기세일 ›

바캉스 스페셜

나시 댓님 Set
693,000원
국내/해외배송 : 국내배송
배송비 : 무료
배송비방법 : 택배

플라워패턴 OP
자체제작
800,000원
트렌드 : 기본트렌드
국내/해외배송 : 국내배송
배송비 : 무료
배송비방법 : 택배

민트젤리 샌들
자체제작
380,000원
트렌드 : 기본트렌드
국내/해외배송 : 국내배송
배송비 : 무료
배송비방법 : 택배

스트라이프 T
자체제작
400,000원
트렌드 : 기본트렌드
국내/해외배송 : 국내배송
배송비 : 무료
배송비방법 : 택배

여름 정기세일

체크라인 OP
자체제작
1,000,000원
트렌드 : 기본트렌드
국내/해외배송 : 국내배송
배송비 : 무료
배송비방법 : 택배

팝스타 니트
자체제작
350,000원
트렌드 : 기본트렌드
국내/해외배송 : 국내배송
배송비 : 무료
배송비방법 : 택배

바닐라 스카이 PT
자체제작
520,000원
트렌드 : 기본트렌드
국내/해외배송 : 국내배송
배송비 : 무료
배송비방법 : 택배

봉봉T
자체제작
일시품절
트렌드 : 기본트렌드
국내/해외배송 : 국내배송
배송비 : 무료
배송비방법 : 택배

08 : 고객관리, 게시판 관리하기

1. 회원가입 항목 설정하기

고객들이 회원가입을 할 때 정보를 입력하는 부분을 설정합니다.

■ 메뉴위치 : 쇼핑몰 설정 > 고객 설정 > 회원가입 항목 설정

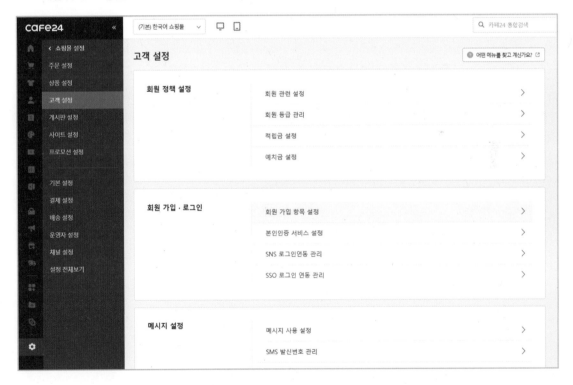

기본정보 설정

❶ 비밀번호의 조합을 선택합니다.

< 회원가입항목 설정 `가이드`

기본 회원가입항목 **사용중입니다.** ❓ [설정 바로가기 >]

회원가입 항목　　**회원정보 수정 항목**

회원 가입기준 설정 🖥디자인설정안내

가입기준 ❓	● 아이디　○ 이메일

기본 정보 🖼법적고지

일반 회원가입 사용여부	항목명	필수입력여부	추가설정
✓	아이디 ❓	필수	
✓	비밀번호 ❓	필수	● `안전` 영문 대소문자/숫자/특수문자 중 2가지 이상 조합, 10자~16자 ○ `안전` 영문 대소문자/숫자/특수문자 중 3가지 이상 조합, 8자~16자 ○ `미흡` 영문 대소문자/숫자/특수문자 중 2가지 이상 조합, 8자~16자 🖼법적고지 비밀번호 변경 안내 기간　[사용안함 ∨] ❓🖥디자인설정안내
☐	비밀번호 확인 시 질문/답변 ❓	필수	
✓	이메일 ❓	필수	회원인증 수단으로　[사용안함 ∨] ❓
✓	이름	필수	
☐	영문이름	[선택 ∨]	

---

❷ 사업자 회원, 외국인 회원을 구분없이 가입받으려면 해당 항목의 체크는 풀어줍니다. 주소 및 연락처는 '필수', '선택'을 선택할 수 있습니다.

필수	이름	필수	
☐	영문이름	[선택 ∨]	
필수	기본주소	[선택 ∨]	※ 주소를 회원가입시 입력받지 않는 경우 주문시 회원
필수	나머지주소	[선택 ∨]	주소를 입력해야 합니다.
필수	휴대전화	[선택 ∨]	※ 휴대전화 번호를 회원가입시 입력받지 않는 경우 SMS 수신등이 불가할 수 있습니다.
필수	이메일	필수	☐회원인증 항목으로 설정 ※설정 시 회원가입 인증수단으로 사용 됩니다 (사업자 회원 제외)
필수	전화번호	[필수 ∨]	
☐	문자수신동의	필수	※ 자동으로 발송되는 모든 SMS는 문자수신 여부와 상관없이 발송됩니다.
☑	이메일수신동의	필수	
☑	사업자회원(회원구분)	필수	상호와 사업자 번호는 필수사용 – 상호: 필수사용 – 사업자번호: 필수사용
☑	외국인회원(회원구분)	필수	아래 항목 중 하나는 필수 사용 ☐외국인 등록번호 ☐여권번호 ☐국제운전면허증번호 ☑국적

추가정보 설정

❶ 생년월일, 결혼기념일 등 추가로 받고 싶은 정보를 체크합니다.

■ 추가정보

사용	항목	타입	추가설정/비고
☑	생년월일	선택 ▾	◉ 양력/음력 사용 ○ 양력만 사용
☐	성별	선택 ▾	
☐	별명	선택 ▾	게시판설정 ▾ 게시판 일괄 적용 게시판관리에서 게시판별로 재설정이 가능합니다.
☑	결혼기념일	선택 ▾	
☑	배우자 생일	선택 ▾	
☐	환불계좌 정보	선택 ▾	
☐	직업	선택 ▾	
☐	직종	선택 ▾	
☐	최종학력	선택 ▾	
☐	관심분야	선택 ▾	
☑	지역	선택 ▾	
☐	인터넷 이용장소	선택 ▾	
☐	자녀	선택 ▾	
☐	자동차	선택 ▾	
☐	연소득	선택 ▾	
☐	추천인 아이디	선택 ▾	추천인 관련 설정은 [프로모션>리워드 프로그램 관리] 에서 하실 수 있습니다.

❷ 추가정보에 원하는 항목이 없는 경우 항목을 추가할 수 있습니다.

❸ 모든 작업이 완료되면 [설정완료] 버튼을 클릭합니다.

■ 추가할 항목명

			추가
사용	항목	타입	추가설정/비고 ❓
☑	가입 경로	선택 ▾	텍스트 박스 ▾
☐	추가할 항목을 입력하세요	선택 ▾	텍스트 박스 ▾
☐	추가할 항목을 입력하세요	선택 ▾	텍스트 박스 ▾
☐	추가할 항목을 입력하세요	선택 ▾	텍스트 박스 ▾

설정완료

❹ [PC쇼핑몰 바로가기 💻] 버튼을 클릭하고 [회원가입]을 클릭하면 변경된 항목을 확인할 수 있습니다. 회원가입 페이지는 관리자가 로그아웃을 해야 볼 수 있습니다.

회원 가입

회원구분 ＊	◉ 개인회원

기본정보   ＊ 필수입력사항

아이디 ＊	[　　　　　] (영문소문자/숫자, 4~16자)
비밀번호 ＊	[　　　　　] (영문 대소문자/숫자/특수문자 중 2가지 이상 조합, 10자~16자)
비밀번호 확인 ＊	[　　　　　]
비밀번호 확인 질문 ＊	기억에 남는 추억의 장소는? ▼
비밀번호 확인 답변 ＊	[　　　　　　　　　　　　]
이름 ＊	[　　　　　]
주소	[　　] - 우편번호 [　　　　　　　　　　] 기본주소 [　　　　　　　　　　] 나머지주소 (선택입력가능)
일반전화 ＊	02 ▼ - [　　] - [　　]
휴대전화	010 ▼ - [　　] - [　　]
이메일 ＊	[　　　　　] @ [　　　　　] - 이메일 선택 - ▼
이메일 수신여부 ＊	◉ 수신함 ○ 수신안함 (쇼핑몰에서 제공하는 유익한 이벤트 소식을 이메일로 받으실 수 있습니다.)

추가정보

생년월일	[　　] 년 [　　] 월 [　　] 일 ◉ 양력 ○ 음력
가입 경로	[　　　　　　　　　　　　]

2. 회원등급 설정하기

쇼핑몰에 가입한 회원등급을 신규로 생성하거나 해당 등급에 대한 속성을 변경할 수 있습니다. 회원들의 구매현황, 활동 등에 따라 등급을 나눠서 관리하면 해당 그룹에 맞는 적립금, 할인 등의 혜택을 부여해서 보다 효율적인 관리를 할 수 있습니다. 회원의 등급은 30개까지만 등록 관리할 수 있습니다.

■ 메뉴위치 : 쇼핑몰 설정 > 고객 설정 > 회원 등급 관리

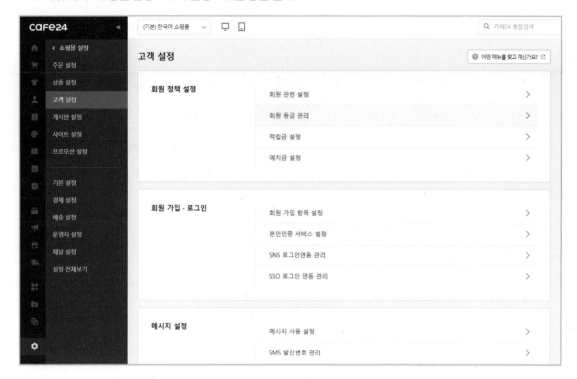

회원 등급 등록하기

❶ [등급 추가] 버튼을 클릭합니다.

❶ 회원 등급명과 등급에 대한 설명을 입력합니다.

❷ 구매 시 추가할인, 적립 등을 설정합니다.

❸ 배송비 무료 혜택을 설정합니다.

❹ 등급 이미지, 아이콘을 등록합니다.

┃ 회원등급 관리

• 회원등급 추가

회원 등급명 필수	❶	
회원 등급 설명 필수		
혜택 결제조건 ❓	● 모든 결제　　○ 현금 결제(무통장)　　○ 현금 결제 외 모든 결제	
구매 시 할인/적립 혜택 ❷	● 혜택없음　　○ 구매금액 할인　　○ 적립금 지급　　○ 할인/적립 동시 적용	
혜택 미설정 시 회원등급 표시 여부 ❓	● 표시안함　　○ 표시함 - [구매시 할인/적립 혜택] 항목을 '혜택없음'으로 설정한 경우 쇼핑몰 표시 여부를 설정합니다. - 회원등급 혜택이 설정된 경우 표시 여부 설정에 관계없이 쇼핑몰에 혜택이 표시됩니다.	
배송비 혜택 ❸	☐ 배송비 무료 (해외배송 제외)	
등급 목록 배경색 ❓	☐ #FFFFFF ⊞	
등급 이미지 ❓	찾아보기... - 권장이미지 : 80px * 60px / gif, png, jpg(jpeg) 🖼	
등급 아이콘	❹ 찾아보기... - 권장이미지 : 16px * 16px / gif, png, jpg(jpeg) 🖼	

[추가]　[취소]

회원등급 목록보기

❶ [회원등급]을 클릭하면 등급 정보를 수정할 수 있습니다.

❷ 등급을 추가합니다.

❸ 등급을 체크하고 [삭제] 버튼 클릭 시 등급을 삭제합니다.

❹ 회원가입 시 등급을 지정할 수 있습니다.

홈 › 고객관리 › 회원관리 › 회원등급 관리

┃ 회원등급 관리

• 회원등급 목록
  - 회원등급은 30개까지 추가할 수 있습니다.

선택한 항목을 [× 삭제] ❸　　　　　　　　　　　　　　　　　　　　　❷ [등급 추가]

☐	❶ 회원등급	혜택 결제 조건	구매 적립		모바일 구매 추가적립 ❓		구매 할인		모바일 구매 추가할인 ❓		회원수
			구매금액(이상)	적립	구매금액(이상)	적립	구매금액(이상)	할인	구매금액(이상)	할인	
☐	일반회원	모든결제	-	-	-	-	-	-	-	-	1
☐	실버회원	모든결제	-	-	-	-	100000원	1000원	0원	+0원	0

선택한 항목을 [× 삭제]　　　　　　　　　　　　　　　　　　　　　　　　[등급 추가]

• 회원가입 시 회원등급 기본설정 ❹

회원등급 기본설정 ❓	회원가입 시 회원등급을 [일반회원 ▼] (으)로 설정합니다. [저장]

3. 회원정보 조회하기

회원들을 검색하고 주문내역 등을 확인할 수 있습니다.
회원등급을 변경하고 회원에게 직접 적립금 및 쿠폰을 발행할 수 있습니다.

■ 메뉴위치 : 고객 > 회원조회 > 회원정보 조회

회원 검색하기

(1) 회원 검색하기

❶ 검색 조건을 설정합니다.

❷ [상세검색 열기]를 클릭하면 상세 정보를 입력하여 검색을 할 수 있습니다.

❸ [검색] 버튼을 클릭하면 하단에 검색 결과가 나타납니다.

(2) 회원 검색결과 보기

❶ 회원정보를 엑셀 파일로 다운로드할 수 있습니다.

❷ 이름 또는 아이디를 클릭하면 회원의 상세 정보를 볼 수 있습니다.

❸ 회원을 선택한 뒤 [불량회원 설정] 버튼을 클릭하면 불량 회원으로 설정할 수 있습니다.

특정 회원에게 적립금 지급

❶ 적립금을 지급할 회원의 관련 내역보기에서 [적립금] 버튼을 클릭합니다.

❷ 회원정보 창이 나타나면 적립금 증감 여부를 적립금 '증액'으로 한 뒤 지급할 적립금 액수를 입력합니다.

❸ [추가] 버튼을 클릭합니다.

❹ 적립금이 지급되었습니다.

☐	상세내용	일자	적립(+)	적립(-)	잔액
☐		2015-11-16 18:11:01	3,000		**5,000**
	신규 회원 적립금	2015-11-16 14:56:17	2,000		**2,000**

4. 자동메일 발송 설정하기

신규 가입, 탈퇴, 주문내역 확인, 배송완료 등 쇼핑몰 운영에 필요한 내용을 고객에게 자동 발송할 수 있습니다. 자동메일 발송을 원하는 항목에 체크하면 자동으로 회원 및 운영자에게 메일이 발송됩니다. 자동메일 디자인은 원하는 대로 변경할 수도 있습니다.

■ 메뉴위치 : 쇼핑몰 설정 > 고객 설정 > 자동메일 발송 설정

자동메일 사용 설정
(1) 항목 설정
❶ 자동메일 항목을 선택합니다. 발송대상을 고객, 운영자로 설정 가능하며, '사용함'에 체크합니다. 발송을 원하지 않을 경우에는 항목을 체크 해제합니다.

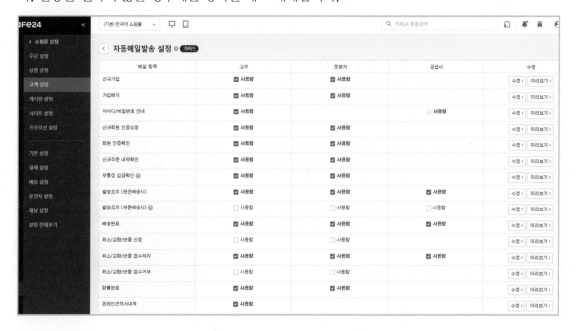

(2) 디자인 설정

❶ [수정] 버튼을 클릭합니다.

메일 항목	고객	운영자	공급사	수정
신규가입	☑ 사용함	☑ 사용함		수정 ▸ 미리보기 ▸
가입해지	☑ 사용함	☑ 사용함		수정 ▸ 미리보기 ▸

‖ 자동메일발송 설정

❷ 'HTML 소스'를 클릭하면 코드로 디자인 수정이 가능합니다.

❸ 글씨체 수정 및 정렬 등 직접 편집이 가능합니다.

5. 게시판 관리하기

　게시판은 고객들과 소통할 수 있는 공간이기도 하지만 방문자들이 정보 공유를 할 수 있는 공간이기도 하는 매우 중요한 대화의 장으로, 고객들이 필요한 정보를 얻고 평가도 할 수 있습니다. 따라서 공지, 문의, 후기 등 필수 게시판과 쇼핑몰에 맞는 커뮤니티를 개설하고 꾸준히 관리해 주는 것이 좋습니다.

게시판 관리하기

❶ 게시판 제목을 클릭하면 세부 설정창이 새로 나타납니다.

❷ 게시판을 체크하고 [삭제] 버튼을 클릭하면 게시판이 삭제됩니다.

❸ 글보기 : 쇼핑몰이 새창열기로 열리며 해당 게시판의 글을 볼 수 있습니다.

　글삭제 : 해당 게시판의 글을 삭제할 수 있습니다.

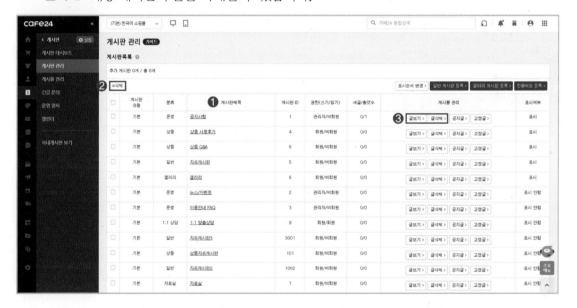

게시판 정보 설정하기

게시판 관리에서 세부 설정을 원하는 게시판의 제목을 클릭합니다.

	게시판 유형	분류	게시판제목	게시판 ID	권한(쓰기/읽기)	새글/총갯수	게시물 관리	표시여부
☐	기본	운영	공지사항	1	관리자/비회원	0/1	글보기/ 글삭제/ 공지글 / 고정글	표시
☐	기본	운영	뉴스/이벤트	2	관리자/비회원	0/0	글보기/ 글삭제/ 공지글 / 고정글	표시
☐	기본	운영	이용안내 FAQ	3	관리자/비회원	0/0	글보기/ 글삭제/ 공지글 / 고정글	표시
☐	기본	상품	상품 사용후기	4	회원/비회원	0/0	글보기/ 글삭제/ 공지글 / 고정글	표시
☐	기본	1:1 상담	1:1 맞춤상담	9	회원/회원	0/0	글보기/ 글삭제/ 공지글 / 고정글	표시 안함

❶ 쇼핑몰 메인 화면에서 해당 게시판의 노출 여부를 설정합니다. '표시'로 선택하면 쇼핑몰에서 게시판이 표시됩니다.

❷ 게시판 제목을 입력합니다.

❸ 게시판 목록 페이지의 상단에 노출되는 안내글입니다.

❹ 첨부파일 유무에 따라 게시물 노출 여부를 설정합니다.

❺ 일반 게시물, 답변 글을 작성하는 경우 해당 제목을 고정된 형태로 나타나도록 설정합니다. 예를 들어 문의 게시판의 경우 모든 제목을 '문의합니다.'로 지정할 수 있습니다.

| 상품 사용후기

게시판 정보 | 디자인 구성

	게시판 사용여부	⦿ 사용 ○ 사용안함 ＊게시판 사용여부를 "사용안함"으로 설정하시면 해당 게시판 접근이 불가능해집니다.
❶	게시판 표시여부	⦿ 표시 ○ 표시안함 ＊게시판 사용여부가 "사용안함"일 경우 "표시"를 설정해도 게시판 접근이 불가능합니다.
	게시판 분류	상품 ▽
❷	게시판 제목	Review
❸	게시판 안내글	상품 사용후기입니다.
❹	게시물 표시	⦿ 전체 게시물 표시 ○ 첨부 파일이 있는 게시물만 표시 ○ 첨부 파일이 없는 게시물만 표시
❺	게시글 제목 지정	☐ 글의 제목을 관리자가 지정한 형태로 고정합니다. ☐ 운영자가 작성할경우에는 제목을 지정하지 않습니다. 최대 10개까지 제목지정가능 ※ 변수를 사용하시면 프론트에 변수에 해당하는 명칭이 자동으로 노출됩니다. ※ 사용가능 변수 : MEMBER_NAME (고객이름), CATEGORY_NAME (상품 카테고리명), PRODUCT_NAME (상품명), BOARD_NAME(게시판명) ☐ 답변글의 제목을 관리자가 지정한 형태로 고정합니다. ☐ 운영자가 작성할경우에는 제목을 지정하지 않습니다. 최대 10개까지 제목지정가능 ※ 변수를 사용하시면 프론트에 변수에 해당하는 명칭이 자동으로 노출됩니다. ※ 사용가능 변수 : MEMBER_NAME (고객이름), CATEGORY_NAME (상품 카테고리명), PRODUCT_NAME (상품명), BOARD_NAME(게시판명), QUESTIONER_NAME(질문자[원본글] 작성자명) ※ QUESTIONER_NAME (질문자[원본글] 작성자 이름) 은 답변글에서만 사용 가능하며, 원본글의 작성자명이 노출 됩니다.) ※ 작성자 보호설정을 "사용함"으로 하실 경우 MEMBER_NAME와 QUESTIONER_NAME은 게시물 작성시 제목 부분에 설정한 값이 그대로 제목에 저장되니 설정에 참고해주시기 바랍니다.
	게시글 입력 양식 설정	○ 사용 ⦿ 사용안함
	페이지당목록수	15 한 페이지당 출력될 목록의 수 (1~99)
	상품상세정보 -> 페이지 당목록수	5 한 페이지에 출력될 목록의 수 (5~999), [상품] 분류 게시판에만 해당 됩니다.
	페이지표시수	10 목록의 아랫부분에 표시될 페이지의 갯수 (1~99)
	상품분류별 검색	○ 사용 ⦿ 사용안함 ※ "사용함"을 선택할 경우, 상품분류별로 게시물을 검색하는 기능이 추가됩니다.

공지사항, 상품 Q&A, 상품후기를 제외한 게시판의 표시여부를 모두 '표시안함'으로 변경하면 쇼핑몰에 공지사항, 상품 Q&A, 상품후기 게시판만 노출됩니다.

	게시판 유형	분류	게시판제목	게시판 ID	권한(쓰기/읽기)	새글/총갯수	게시물 관리	표시여부
☐	기본	운영	공지사항	1	관리자/비회원	0/1	글보기/ 글삭제/ 공지글/ 고정글	표시
☐	기본	운영	뉴스/이벤트	2	관리자/비회원	0/0	글보기/ 글삭제/ 공지글/ 고정글	표시 안함
☐	기본	운영	이용안내 FAQ	3	관리자/비회원	0/0	글보기/ 글삭제/ 공지글/ 고정글	표시 안함
☐	기본	1:1 상담	1:1 맞춤상담	9	회원/회원	0/0	글보기/ 글삭제/ 공지글/ 고정글	표시 안함
☐	기본	상품	Review	4	회원/비회원	0/0	글보기/ 글삭제/ 공지글/ 고정글	표시
☐	기본	상품	상품 Q&A	6	회원/비회원	0/0	글보기/ 글삭제/ 공지글/ 고정글	표시
☐	기본	상품	상품자유게시판	101	회원/비회원	0/0	글보기/ 글삭제/ 공지글/ 고정글	표시 안함
☐	기본	일반	자유게시판3	3001	회원/비회원	0/0	글보기/ 글삭제/ 공지글/ 고정글	표시 안함
☐	기본	일반	자유게시판2	1002	회원/비회원	0/0	글보기/ 글삭제/ 공지글/ 고정글	표시 안함
☐	기본	일반	자유게시판	5	회원/비회원	0/0	글보기/ 글삭제/ 공지글/ 고정글	표시 안함
☐	기본	자료실	자료실	7	회원/비회원	0/0	글보기/ 글삭제/ 공지글/ 고정글	표시 안함
☐	기본	겔러리	겔러리	8	회원/비회원	0/0	글보기/ 글삭제/ 공지글/ 고정글	표시 안함
☐	기본	한줄메모	한줄메모	1001	비회원/비회원	0/0	글보기/ 글삭제/ 공지글/ 고정글	표시 안함

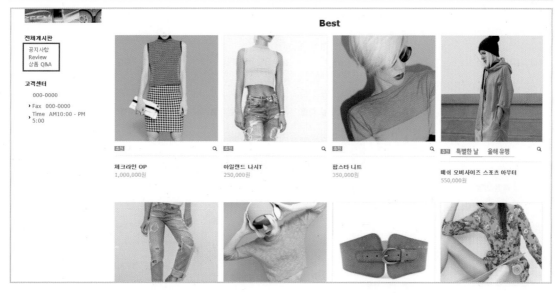

❻ 게시글 입력 양식을 고정된 형태로 고객이 입력할 수 있게 설정합니다.

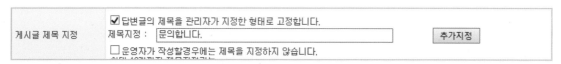

사용할 경우 사용을 체크하고 입력 양식을 입력합니다.

❼ 게시판 내에서 카테고리를 설정합니다.

❽ 파일 첨부 기능 사용 여부를 설정합니다.

❾ 답변 기능 사용 여부를 설정합니다.

❿ 등록순, 작성일순, 추천수, 조회수 등으로 게시물의 정렬방식을 선택합니다.

⓫ 평점 기능 사용 여부를 설정합니다. '사용함'을 체크하면 고객들이 평점을 줄 수 있습니다.

⓬ 해당 게시판의 댓글기능 사용 여부를 설정합니다.

⓭ 관리자와 작성자만이 볼 수 있는 비밀글 등록 기능을 설정합니다.

⓮ 사용함을 체크할 경우 등록되는 모든 글이 비밀글로 설정이 됩니다.

⓯ 댓글의 비밀 여부를 설정합니다.

⓰ 글쓴이의 표시 방식을 설정합니다.

❼ 카테고리 기능	○ 사용 ◉ 사용안함	카테고리 편집	▽ 편집
❽ 파일첨부기능	○ 사용 ◉ 사용안함 모바일 기기로 PC 화면에서는 첨부파일을 첨부하실 수 없습니다.	첨부파일용량제한	2 M (최대 : 10MB)
❾ 답변기능	○ 사용 ◉ 사용안함		
❿ 게시물 정렬 방식	◉ 등록순 정렬 ○ 작성일순 정렬 ○ 추천수많은순 정렬 ○ 조회수많은순 정렬 ※ 게시물 정렬 방식 도움말 - 등록순 정렬 : 최근 등록(작성/복사/이동)한 게시물이 최상위에 위치합니다. - 작성순 정렬 : 최근 작성일의 게시물이 최상위에 위치합니다. - 추천수많은순 정렬 : 많은 추천을 받은 게시물이 최상위에 위치합니다. - 조회수많은순 정렬 : 조회수가 많은 게시물이 최상위에 위치합니다.		
작성자 추천 기능	○ 사용 ◉ 사용안함		
⓫ 평점 기능 사용	○ 사용 ◉ 사용안함 ※ 게시판 목록 내 평점기능 사용입니다.		
상세페이지 내 평점 표시	○ 사용 ◉ 사용안함 ※ 상품 상세페이지내 평점기능 사용입니다.		
⓬ 댓글기능	◉ 사용 ○ 사용안함	답변여부 표시	○ 사용 ◉ 사용안함
댓글의 댓글기능	○ 사용 ◉ 사용안함		
⓭ 비밀글기능	○ 사용 ◉ 사용안함 (관리자와 비밀번호 아는 사람만 볼 수 있음)		
⓮ 비밀글 전체 잠금	○ 사용 ◉ 사용안함 (글 작성시 공개글 또는 비밀글 선택이 아닌 무조건 비밀글로 작성이 됩니다.)		
⓯ 비밀댓글기능	◉ 공개댓글만 쓰기 ○ 비밀댓글만 쓰기 ○ 공개댓글 또는 비밀댓글 선택하여 쓰기 ※ 비밀댓글의 경우 관리자,댓글을 작성한 회원본인은 내용이 바로 확인이 가능하며,비회원,타회원은 비밀번호를 입력해야 내용 확인이 가능합니다.		
작성자이메일표시기능	○ 사용 ◉ 사용안함 (관리자로 로그인 시 작성자의 회원정보(비회원은 이메일)로 항상 표시됨)		
⓰ 작성자 표시 설정	◉ 이름 ○ 별명(고객관리>회원관리>회원가입항목 설정 에서 일괄적용 가능)		
작성자 보호 설정	◉ 사용 ○ 사용안함 ◉ 일부 글자 수만 노출 1 예시) 홍**** ○ 대체 문구로 노출 예시) 비공개 ※ 작성자 보호 설정을 "사용"으로 설정하시면 작성자명 영역에 일부 글자만 노출 또는 대체 저장한 문구로 노출되도록 설정하실 수 있습니다. ※ 관리자로 로그인시 작성자의 명칭은 모두 노출됩니다.		

❶ 작성일 표시 방식을 설정합니다.

❸ 조회수를 표시하고 조회수를 중복하는 것의 허용 여부를 설정합니다.

❾ '표시'에 체크하면 모바일 쇼핑몰에서 작성한 게시물 일반글, 답변글, 댓글에 모바일 아이콘이 표시됩니다.

⓴ 관리자가 게시물을 확인한 후 게시물의 등록 여부를 결정하는 기능입니다.

㉑ '변경함'을 체크하면 글 이동 시 작성일을 변경합니다.

㉒ '사용'을 체크하면 글 작성시 완료하지 않고 취소, 목록 버튼을 누를 경우 자동 저장 여부를 묻습니다.

❶ 작성일 표시	⦿ 사용 ○ 사용안함 ☑ 작성시간 표시 (작성시간 표시는 적용된 게시판 상세화면에 표시됨) 　⦿ 년도 출력 1 (2009-07-30) 　○ 년도 출력 2 (09.07.30) 　○ 하루 지나기전 게시물은 시간표시 하루 지난 게시물은 날짜 표시
❸ 조회수 표시	⦿ 사용 ○ 사용안함
조회수 중복허용	○ 사용함 ⦿ 사용안함 (게시판 글조회 수가 IP에 관계없이 증가합니다.)
리스트 글쓰기 버튼 표시	⦿ 표시함 ○ 표시안함 (관리자로 로그인시 글쓰기 버튼이 항상 표시됨)
IP표시	○ 표시 ⦿ 표시안함
회원등급 아이콘 표시	○ 표시 ⦿ 표시안함 (등급아이콘은 "회원관리>회원등급설정"에서 등록가능)
❾ 모바일 아이콘 표시	○ 표시 ⦿ 표시안함 (모바일 쇼핑몰에서 작성한 게시물(일반글,답변글,댓글)에 모바일 아이콘이 표시됨)
글쓰기시 이메일입력	⦿ 사용 ○ 사용안함 (글쓰기시 이메일입력 부분 표시여부)
댓글 작성자 표시 설정	⦿ 이름 ○ 별명(고객관리>회원관리>회원가입항목 설정 에서 일괄적용 가능)
댓글 작성자 보호 설정	⦿ 사용 ○ 사용안함 　⦿ 일부 글자 수만 노출 [1] 예시) 홍**** 　○ 대체 문구로 노출 [　　　] 예시) 비공개 ※ 작성자 보호 설정을 "사용"으로 설정하면 작성자명 영역에 일부 글자만 노출 또는 대체 저장한 문구로 노출되도록 설정하실 수 있습니다. ※ 관리자로 로그인시 작성자의 명칭은 모두 노출됩니다.
새글 설정	등록후 [24] 시간 이내의 글
HIT글 설정	조회수가 [100] 이상인 글
⓴ 관리자 확인기능	○ 사용 ⦿ 사용안함 (관리자가 게시물을 확인한후 게시물의등록여부를 결정하는기능)
㉑ 글이동 시 작성일 변경	⦿ 변경함 ○ 변경하지 않음 (글복사 시에도 해당 설정이 동일하게 적용됩니다.)
㉒ 자동저장	○ 사용 ⦿ 사용안함 ※ 사용함으로 체크 시 글 작성을 완료하지 않고[취소],[목록]버튼을 누를 경우 자동저장 여부를 묻게 됩니다.
상품 상세페이지내 목록 펼침 여부	⦿ 접기 ○ 펼침 ※ 상품 상세페이지내 목록 펼침 기능 - "펼침"을 선택할 경우, 상품 상세페이지 상에서 게시글의 제목과 내용이 모두 펼쳐보이고, 　"접기"를 선택할 경우, 제목글 클릭 시에만 해당 내용이 펼쳐 보이게 됩니다. - "펼침" 기능을 사용할 경우 상위부터 최대 15개의 게시글만 제목과 내용이 펼쳐보이게 되고 　이후 게시글은 목록 형태로 보이게 됩니다. - "펼침"을 선택할 경우 페이지로딩 속도가 느려질 수 있으니 설정시 유의해주시기 바랍니다.

㉓ 게시물 본문에 첨부 파일 이미지 표시여부를 설정하는 기능합니다.

㉔ '사용'을 체크하면 게시판 메인 화면 상단에 조회수 Best 게시물이 노출됩니다.

㉕ '사용'을 체크하면 게시판 메인 화면 상단에 추천수 Best 게시물이 노출됩니다.

㉖ '적립금 주기 버튼 표시'에 체크하면 게시글 내용 페이지 내에 작성자 영역 하단에 적립금 주기 버튼 표시 여부 및 해당 버튼 클릭 시 회원 상세창을 노출할지 적립금을 바로 지급할지 설정합니다.

㉗ 게시판에 게시물 쓰기 권한을 설정합니다.

㉘ 해당 게시판의 게시물을 읽을 수 있는 권한을 설정합니다.

㉙ 해당 게시판의 게시물에 답변을 쓸 수 있는 권한을 설정합니다.

모두보기 버튼 링크 설정	● 쇼핑몰 전체 상품 사용후기 리스트로 이동 ○ 해당상품 사용후기 리스트로 이동 ※ 상품 상세페이지 내 [상품] 분류 게시판의 '모두보기' 버튼 설정입니다.
답변글 상품정보 표시여부	○ 표시함 ● 표시안함 (※ 표시안함으로 설정시 상품후기 혹은 상품QNA 또는 상품자유게시판의 답변글에는 상품정보가 표시되어지지 않습니다.)
상품 사용후기 관련 글 표시	[10] 개　한 페이지당 출력될 목록의 수 (1~99)
㉓ 이미지 표시	● 사용 ○ 사용안함 ※ 게시물 본문에 첨부파일 이미지 표시여부를 설정하는 기능입니다. ※ 해당 기능은 PC화면에만 적용이 되며 모바일은 항상 이미지가 표시됩니다.
이미지 리사이징	첨부 이미지 파일의 폭이 [587] px를 초과하면 리사이징 하여 표시합니다.
상품 상세페이지 첨부 이미지표시방식	● 썸네일 이미지 ○ 원본 이미지
게시물 게시여부 설정	● 원본글만 적용 ○ 원본글 + 답변글 동시 적용 ※ 원본글만 적용할 경우 원본글만 게시, 게시안함이 적용되고 　원본글 + 답변글 동시 적용시 원본글의 게시여부에 따라 답변글도 동시에 게시, 게시안함이 적용됩니다.
㉔ 조회수 BEST 게시물 노출 설정	○ 사용 ● 사용안함 ※ 게시판 메인 화면 상단에 조회수 BEST 게시물이 노출됩니다.
㉕ 추천수 BEST 게시물 노출 설정	○ 사용 ● 사용안함 ※ 게시판 메인 화면 상단에 추천수 BEST 게시물이 노출됩니다.
㉖ 적립금 바로주기 설정	○ 적립금주기 버튼 없음 ● 적립금주기 버튼 표시(회원상세팝업창 이용) ○ 설정 금액표시 후 바로 지급 　* 금액1 : [0]　원 * 금액2 : [0]　원 * 금액3 : [0]　원 * 금액4 : [0]　원 　(금액이 1원이상인 항목만 표시됨) 　* 기본선택 표시조건 : 첨부이미지가 있으면 [금액1을 기본선택 ∨] (금액이 2개 표시되는 경우 해당) ☐ 원클릭으로 적립금 지급 및 관리자 게시하기 (적립금 지급과 동시에 글도 게시가 됩니다. 관리자 확인기능 및 적립금 주기 기능을 사용하실 경우에만 동작합니다.)
㉗ 쓰기 권한	○ 관리자 ● 회원이상 [비노출 ∨] ○ 비회원이상 ○ 접근 회원그룹 설정　[쓰기권한 부가설정] * 쓰기권한 중 회원이상 선택시 "글쓰기" 버튼의 노출 여부를 선택해주세요. (기본 비노출)
댓글사이즈설정	○ 제한 ● 무제한
㉘ 읽기 권한	○ 관리자 ○ 회원이상 ● 비회원이상 ○ 접근 회원그룹 설정　☐ 리스트 동시 적용
㉙ 답변쓰기 권한	○ 관리자 ● 회원이상 ○ 비회원이상 ○ 접근 회원그룹 설정

㉚ 답변글 여부에 따라 글삭제 여부를 설정합니다.

㉛ 댓글 작성 권한을 설정합니다.

㉜ 댓글 이름 입력 여부를 설정합니다.

㉚ 게시물 삭제	☑ 답변이 있는 글을 삭제합니다. ◉ 답변글이 있는 경우 원본글만 삭제 ○ 답변글이 있는 경우 답변글 + 원본글 모두 삭제
㉛ 댓글 권한	○ 관리자 ◉ 회원이상 ○ 비회원이상 ○ 접근 회원그룹 설정
㉜ 댓글이름입력란 표시여부	◉ 보이기(직접 입력 가능) ○ 안보이기(회원의 실명 자동 입력)
댓글 페이징	○ 사용 ◉ 미사용
댓글 페이지당목록수	10 한 페이지당 출력될 댓글 목록의 수 (5~999)
댓글 페이지표시수	10 댓글 아랫부분에 표시될 페이지의 갯수 (1~99)
댓글 정렬	◉ 오름차순(최근글이 아래로 출력) ○ 내림차순(최근글이 위로 출력)
리스트 제목 길이	400 ※ 리스트 제목 길이 설정은 디자인구성 탭의 제목글자수에서 설정해서 사용하실 수 있습니다.
하이퍼링크 설정	◉ 현재창에서 페이지이동 ○ 새창띄우기 ○ 글작성자가 설정(페이지이동/새창띄우기 중 선택)
성인인증 설정	○ 사용 ◉ 사용안함 OFF 본인인증 서비스 ※ 게시판 성인인증은 1개 이상의 본인인증 서비스가 사용 중이어야 설정할 수 있습니다. ※ 성인인증 설정 시 해당 게시판의 글쓰기, 댓글, 답변 글 까지 전체 적용됩니다. ※ 성인인증 설정 후 게시판 페이지 접근 시 성인인증 인트로 페이지가 노출됩니다. (인트로 화면 설정 바로가기) ※ 성인인증은 **청소년보호법 및 정보통신망법에 따라** 회원가입 시 인증여부와는 관계가 없이 **성인인증 게시판 접근 시 매번 인증**이 필요합니다.
상품별 상품사용후기 제한 설정	○ 사용 ◉ 사용안함 ※ 상품별 상품사용후기 제한 설정으로 상품을 지정하면 해당 상품에는 사용후기를 작성할 수 없습니다.
HTML 태그 사용	제목 : ○ 사용 ◉ 사용안함 내용 : ◉ 사용 ○ 사용안함 ※ 제목과 내용 각각 설정이 가능하며 사용안함으로 설정하면 HTML 태그를 사용할 수 없습니다. ※ 제목에 과다하게 HTML을 사용할 경우 쇼핑몰 페이지 오류를 발생시킬 수도 있습니다.
게시판 형태	- 스마트 디자인에서 설정하실 수 있습니다. 🖥 HTML수정안내
메인화면 표시여부	- 스마트 디자인에서 설정하실 수 있습니다. 🖥 HTML수정안내
메인화면 표시설정	- 스마트 디자인에서 설정하실 수 있습니다. 🖥 HTML수정안내

스팸 게시물 설정하기

비방, 욕설, 스팸 등의 글쓰기를 제한할 수 있습니다.

❶ 회원아이디를 찾아 글쓰기를 차단합니다. [차단 목록 설정하기] 버튼을 클릭합니다.

[차단회원 추가] 버튼을 클릭합니다. 회원 검색을 하고 [저장] 버튼을 클릭합니다. 차단 사실은 회원이 알 수 있습니다.

❷ 금지어를 설정할 수 있습니다. 구분은 콤마로 합니다.

❸ 자동으로 등록되는 스팸게시글을 차단합니다. 적용 범위와 대상 회원을 설정합니다.

스팸 자동생성 방지기능을 설정하면 해당 게시판의 글쓰기 페이지에서 자동발송 금지 보안문자 입력란이 생성됩니다.

❹ 마우스 오른쪽 버튼을 사용하지 못하도록 설정합니다.

게시판 디자인 설정하기

게시판 관리에서 디자인 설정을 원하는 게시판의 제목을 클릭합니다.

	게시판 유형	분류	게시판제목	게시판 ID	권한(쓰기/읽기)	새글/총갯수	게시물 관리	표시여부
☐	기본	운영	공지사항	1	관리자/비회원	0/1	글보기/ 글삭제/ 공지글 / 고정글	표시
☐	기본	운영	뉴스/이벤트	2	관리자/비회원	0/0	글보기/ 글삭제/ 공지글 / 고정글	표시
☐	기본	운영	이용안내 FAQ	3	관리자/비회원	0/0	글보기/ 글삭제/ 공지글 / 고정글	표시
☐	기본	상품	상품 사용후기	4	회원/비회원	0/0	글보기/ 글삭제/ 공지글 / 고정글	표시
☐	기본	1:1 상담	1:1 맞춤상담	9	회원/회원	0/0	글보기/ 글삭제/ 공지글 / 고정글	표시 안함

❶ [디자인 구성] 탭을 클릭합니다.

❷ 게시판 페이지에 노출되는 화면 상단이미지를 변경하거나 사용여부를 설정합니다.

❸ 메뉴 이미지를 변경합니다.

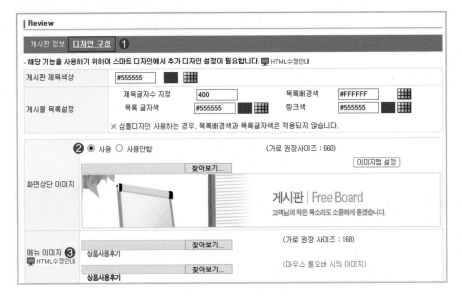

게시판 순서 변경하기

❶ [표시순서 변경] 버튼을 클릭합니다.

❷ 창이 열리면 이동할 게시판을 클릭하고 화살표 버튼을 클릭해서 위치를 변경합니다.

❸ 이동이 완료되었으면 [순서변경] 버튼을 클릭합니다.

❹ [확인] 버튼을 클릭합니다.

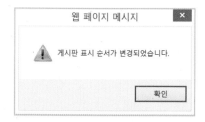

❺ [PC쇼핑몰 바로가기 🖥] 버튼을 클릭하여 확인하면 게시판 순서가 변경되었습니다.

게시글 등록하기

❶ [PC쇼핑몰 바로가기 🖥]를 클릭해서 쇼핑몰을 열어줍니다.

❷ 게시물을 등록할 게시판을 선택합니다.

❸ 쇼핑몰에서 [글쓰기] 버튼을 클릭합니다.

❹ 제목을 입력합니다.

❺ 체크 시 게시글 맨 위의 공지사항으로 등록합니다.

❻ 내용을 입력합니다.

❼ [등록] 버튼을 클릭합니다.

❽ 게시글이 등록되었습니다.

	번호	제목	작성자	작성일	조회
□	공지	**설날 배송 공지**	오와이오	2015-11-16 23:35:42	0
□	1	몰 오픈을 축하합니다.	EC Hosting	2015-08-06 15:34:24	0

글쓰기

오 와 이 오 TIP 게시판 카테고리 분류하기

게시판에 글의 분류를 지정해서 게시글을 쓸 수 있게 설정을 하는 기능으로, 일반적으로 상품문의 게시판에서 많이 사용합니다.

❶ 상품 Q&A게시판 제목을 클릭합니다.

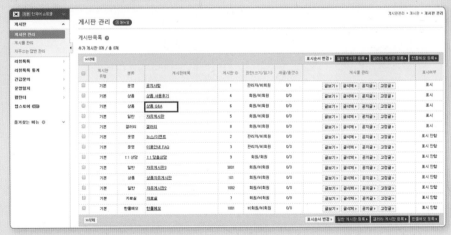

❷ 상세설정에서 카테고리 기능을 '사용'으로 체크합니다.
❸ [편집] 버튼을 클릭합니다.

상품분류별 검색	○ 사용 ● 사용안함 ※ "사용함"을 선택할 경우, 상품분류별로 게시물을 검색하는 기능이 추가됩니다.		
카테고리 기능	● 사용 ○ 사용안함	카테고리 편집	[▽] [편집]
파일첨부기능	○ 사용 ● 사용안함 모바일 기기로 PC 화면에서는 첨부파일을 첨부하실 수 없습니다.	첨부파일용량제한	[2] M (최대 : 10MB)

❹ 카테고리명을 입력하고 [추가] 버튼을 클릭합니다. 카테고리 개수만큼 추가합니다.

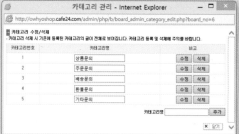

❺ [수정] 버튼을 클릭합니다.

게시판 카테고리 확인하기

❶ [PC쇼핑몰 바로가기 🖳]를 클릭해서 쇼핑몰을 열어 줍니다.
❷ [상품 Q&A] 게시판을 클릭합니다.

❸ [글쓰기] 버튼을 클릭합니다.

❹ 제목 앞부분에 카테고리 분류가 나타납니다. 카테고리를 선택하고 글을 등록합니다.

09 : 주문관리, 프로모션 하기

■ 주문관리 ■

주문 관리는 고객이 쇼핑몰에서 상품을 주문한 것을 확인 및 관리할 수 있는 기능으로 주문 금액 및 상품 현황을 한눈에 볼 수 있습니다.

1. 입금 전 관리하기

고객이 주문 후 무통장 입금을 했을 경우 입금 유무를 확인하고 입금 확인 처리를 해야 합니다.

■ 메뉴위치 : 주문 > 입금전 관리

❶ 검색 조건을 설정합니다.
여러 개 검색시 검색어에 구분자 콤머(,)를 입력하여 최대 10개까지 동시 검색 가능합니다.
예 주문번호 3개 검색시 : 20001212000, 20001212111, 20001212222
주문번호는 '-'를 입력하지 않아도 검색되고, 검색어 확장 검색은 최대 5개까지 가능합니다.

❷ [검색] 버튼을 클릭합니다.

❸ 검색 결과가 나타나면 입금 여부를 확인하고, 입금확인 처리를 하려는 주문을 체크합니다.

❹ [입금 확인] 버튼을 클릭합니다.

● **입금전 관리**

– '입금확인' 처리시 주문자에게 입금확인 메일이 자동 발송됩니다.
– 무통장 입금의 경우 '입금확인' 처리를 하면 [배송준비중 관리(상품준비중 상태 사용시 상품준비중 관리)]에서 배송처리 가능합니다.
– 무통장 입금외 결제수단으로 결제 완료된 주문은 자동으로 주문관리 〉 배송준비중 관리(상품준비중 상태 사용시 상품준비중 관리)에서 바로 배송처리가 가능합니다.
– 가상계좌, 에스크로(가상계좌) 결제수단은 자동입금 확인만 가능합니다.

● **네이버 마일리지**

– 입금 전에 있는 주문의 최초 네이버 마일리지 상태는 '적립미정' 상태입니다.
– 무통장 입금 신청 후 15일 동안 입금 완료 처리가 안 되는 주문의 경우 자동으로 네이버 마일리지 적립이 취소됩니다.

오와이오 TIP 상품 준비중 관리 사용 설정

■ 메뉴위치 : 쇼핑몰 설정 〉 주문 설정 〉 주문 후 설정

❶ [주문 설정] 탭을 클릭합니다.

❷ 주문관리/배송설정에서 상품 준비중 주문상태 사용에서 '사용함', '사용안함'을 체크해서 설정합니다.

2. 배송준비중 관리하기

배송준비 중인 주문을 검색하고 송장입력 후에 배송중 처리를 합니다.

■ 메뉴위치 : 주문 〉 배송준비중 관리

❶ 검색 조건을 설정합니다.

❷ [검색] 버튼을 클릭합니다.

❸ 송장 번호를 입력합니다.

❹ 배송 준비가 완료된 주문에 체크를 합니다.

❺ [배송중 처리] 버튼을 클릭합니다.

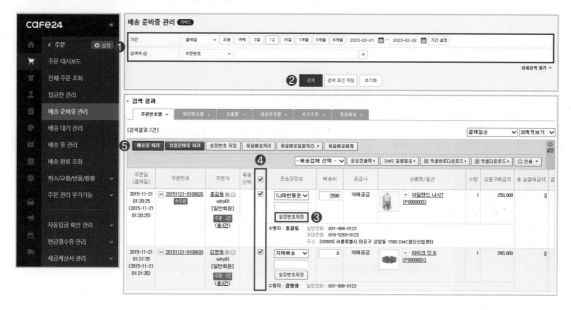

❻ 배송시작 처리 완료창이 나타나면 [확인]을 클릭합니다.

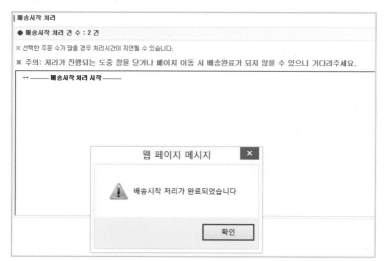

3. 배송 중 관리하기

배송준비 중 관리에서 배송중 처리한 주문들이 나타납니다.

■ 메뉴위치 : 주문 > 배송중 관리

❶ 검색 조건을 설정합니다.
❷ [검색] 버튼을 클릭합니다.
❸ 배송 완료 처리를 할 주문 건에 체크를 합니다.
❹ [배송완료 처리] 버튼을 클릭합니다.

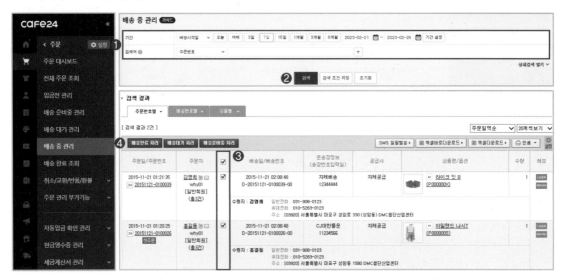

4. 배송 완료 조회하기

배송 완료 처리를 한 주문을 검색할 수 있습니다.

■ 메뉴위치 : 주문 > 배송완료 조회

❶ 검색 조건을 설정합니다.
❷ [검색] 버튼을 클릭하여 배송 완료 주문을 확인합니다.

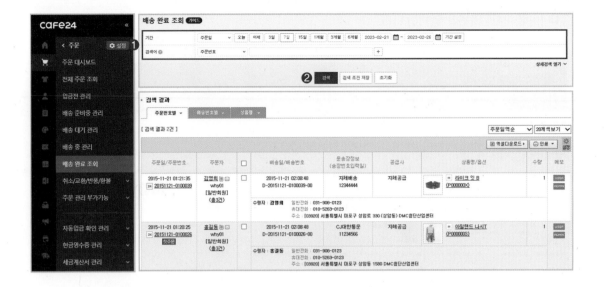

5. 교환 관리하기

판매자가 직접 교환 처리하는 경우

배송 완료 후 60일까지 반품, 교환 처리가 가능합니다. 배송 완료 후 60일 지난 주문은 반품, 교환 처리가 불가능합니다.

■ 메뉴위치 : 주문 > 전체주문 조회

❶ 검색 조건을 설정합니다.
❷ [검색] 버튼을 클릭합니다.

❸ 교환 처리를 할 주문 번호를 클릭합니다.

❹ [상품교환] 버튼을 클릭합니다.

❺ 교환처리 창이 나타나면 교환 상품에 체크를 합니다.

❻ [동일 상품으로 교환] 버튼을 클릭합니다.

❼ [교환접수] 버튼을 클릭합니다.

❽ 확인 요청을 하는 창이 나타나면 [확인] 버튼을 클릭합니다.

❾ 교환 접수가 완료되었습니다. 교환 접수가 완료되면 주문상세 정보에 배송후 교환 아이콘이
표시됩니다.

교환 관리

고객이 주문한 상품을 교환처리 하기 위해서 반품을 받아서 수거완료 처리를 하는 메뉴입니다.

■ 메뉴위치 : 주문 > 취소/교환/반품/환불관리 > 교환 관리

❶ 검색 조건을 설정합니다.
❷ [검색] 버튼을 클릭합니다.
❸ 검색결과 중에서 교환 수거처리하려는 주문의 [수거완료] 버튼을 클릭합니다.

❹ 확인 요청을 하는 창이 나타나면 [선택한 품목 수거완료] 버튼을 클릭합니다.

❺ 주문 상태가 교환처리 중에서 교환완료로 변경되었습니다.

6. 반품 관리하기

반품 접수
고객의 반품 요청을 접수하는 메뉴입니다.

■ 메뉴위치 : 주문 > 전체주문 조회

❶ 검색 조건을 설정합니다.
❷ [검색] 버튼을 클릭합니다.

❸ 검색결과 중에서 반품 처리하려는 주문의 주문번호를 클릭합니다.

❹ [상품반품] 버튼을 클릭합니다.

❺ 반품 처리를 할 상품에 체크를 하고 [반품접수] 버튼을 클릭합니다.

❻ 구분에서 반품 사유를 선택하고 사유에 자세한 이유를 입력합니다.

❼ 반품 주소를 입력합니다.

❽ 환불 방식을 선택합니다.

❾ [확인] 버튼을 클릭합니다.

❿ [반품] 탭을 클릭하면 반품 처리를 확인할 수 있습니다.

반품 관리

반품 처리된 상품을 수거한 뒤 완료할 수 있는 메뉴입니다.

■ 메뉴위치 : 주문 > 취소/교환/반품/환불 관리 > 반품 관리

❶ 검색 조건을 설정합니다.

❷ [검색] 버튼을 클릭합니다.

❸ 수거 완료된 상품에 [수거완료] 버튼을 클릭합니다.

❹ 확인을 요청하는 창이 나타나면 [확인] 버튼을 클릭합니다.

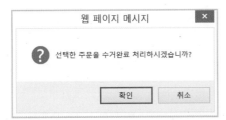

❺ [수거완료] 버튼을 누른 상품의 주문 상태가 반품처리중–환불 전으로 표시됩니다.

7. 환불 관리하기

반품처리 이후에 환불 처리를 할 수 있는 메뉴입니다.

■ 메뉴위치 : 주문 > 취소/교환/반품/환불 관리 > 환불 관리

❶ 검색 조건을 설정합니다.
❷ [검색] 버튼을 클릭합니다.
❸ 환불 처리하려는 주문의 [처리] 버튼을 클릭합니다.

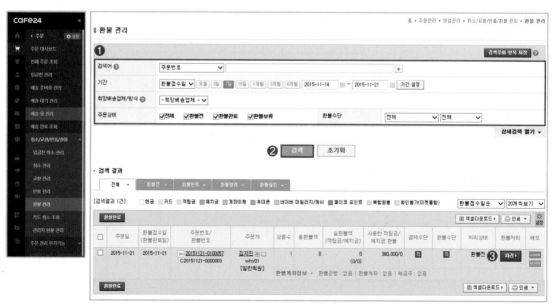

❹ 환불처리 창이 나타나면 환불 처리일과 내용을 입력합니다.

❺ [확인] 버튼을 클릭합니다.

❻ 해당 상품의 검색 결과 처리 상태가 환불 완료로 나타납니다.

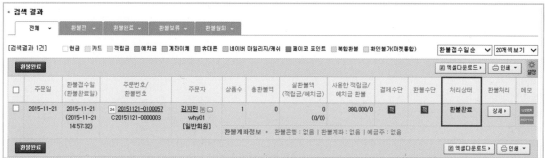

■ 프로모션 ■

프로모션은 쇼핑몰의 광고 마케팅을 할 수 있는 메뉴입니다. 고객 유치 및 단골고객 확보를 위해 쿠폰발급 및 혜택 등을 제공합니다.

1. 고객 혜택 관리하기

고객에게 할인이나 증정 이벤트를 제공하기 위해 일일이 시간에 맞추어 설정하기 번거로웠던 부분을 특정 상품, 특정 기간 등의 설정을 통해 다양하고 쉽게 고객 혜택을 제공할 수 있는 서비스입니다. 고객혜택 관리의 간단한 설정으로 할인 서비스부터 증정 서비스까지 한 번에 해결할 수 있습니다.

할인 혜택 등록하기

■ 메뉴위치 : 프로모션 > 고객혜택관리 > 혜택 등록

(1) 기간 할인 등록하기
일정한 기간 동안 할인을 진행합니다.

❶ 진행여부를 '진행함'을 선택합니다.
❷ 구분을 '할인'에 체크합니다.
❸ 혜택 유형에서 [기간할인]을 선택합니다.
❹ 혜택명을 입력합니다.
❺ 기간을 설정합니다.
❻ 조건을 설정합니다.

❼ 제공 혜택을 입력합니다.

❽ 아이콘을 노출하려고 하는 경우에는 [찾아보기] 버튼을 클릭하여 아이콘을 등록합니다.

❾ [등록] 버튼을 클릭합니다.

❿ [PC쇼핑몰 바로가기 🖥] 버튼을 클릭해서 쇼핑몰을 열어줍니다. 기존 판매가 아래에 할인 판매가가 노출되어 나타납니다.

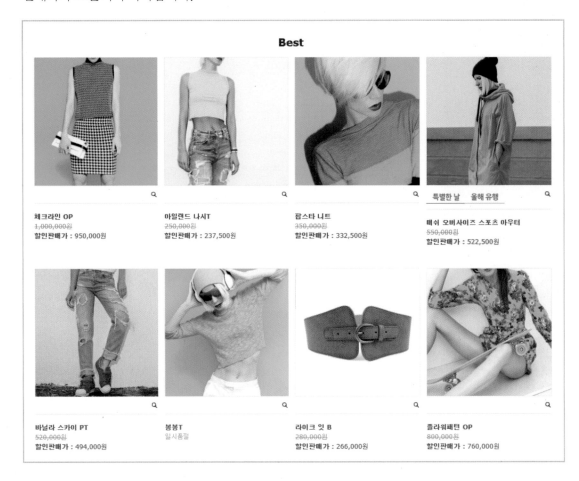

(2) 재구매할인 등록하기

고객이 상품을 재구매하는 경우 할인을 적용할 때 사용합니다.

❶ '진행함'을 선택합니다.

❷ '할인'을 체크합니다.

❸ [재구매할인] 버튼을 선택합니다.

❹ 혜택명을 입력합니다.

❺ 상품/품목을 선택할 수 있으며 구매횟수를 선택할 수 있습니다.

❻ 제공 혜택을 입력합니다.

❼ [등록] 버튼을 클릭합니다.

(3) 대량구매 할인 등록하기

고객이 상품을 대량구매하는 경우 할인을 적용하고 싶을 때 사용합니다.

❶ '진행함'을 선택합니다.

❷ '할인'을 체크합니다.

❸ [대량구매할인] 버튼을 선택합니다.

❹ 혜택명을 입력합니다.

❺ 구매 수량을 설정합니다.

❻ 제공 혜택을 입력합니다.

❼ [등록] 버튼을 클릭합니다.

(4) 회원할인 등록하기

회원에게 할인혜택을 적용할 때 사용하며 회원 그룹에 따라 혜택 적용이 가능합니다.

❶ '진행함'을 선택합니다.

❷ '할인'을 체크합니다.

❸ [회원할인] 버튼을 선택합니다.

❹ 혜택명을 입력합니다.

❺ 회원의 그룹에 따라 혜택을 적용할 수 있습니다.

❻ 제공 혜택을 입력합니다.

❼ [등록] 버튼을 클릭합니다.

(5) 신규상품할인 등록하기

쇼핑몰의 신규상품에 할인을 적용할 경우 사용합니다.

❶ '진행함'을 선택합니다.

❷ '할인'을 체크합니다.

❸ [신규상품할인] 버튼을 선택합니다.

❹ 혜택명을 입력합니다.

❺ 신상품으로 정의하는 기간을 입력합니다.

❻ 제공 혜택을 입력합니다.

❼ [등록] 버튼을 클릭합니다.

혜택 관리

등록한 혜택을 관리할 수 있습니다.

❶ 검색 설정을 입력합니다.

❷ [검색] 버튼을 클릭합니다.

❸ 혜택명을 클릭하면 혜택을 수정할 수 있습니다.

❹ '혜택'을 체크하고 [삭제] 버튼을 클릭하면 혜택이 삭제됩니다.

혜택 환경설정

■ 메뉴위치 : 쇼핑몰 설정 > 프로모션 설정 > 고객 혜택 설정

전체적인 혜택 방식을 설정합니다.

❶ 사은품 기능 사용 여부를 체크합니다.

❷ 적립금 사용 시 사은품 제공 여부를 체크합니다.

❸ 사은품 제공 계산방식을 선택합니다.

– 총주문 금액은 할인이 적용되지 않은 상태의 상품 판매가의 합+배송비를 포함한 가격을 말합니다.

– 실결제 금액은 쿠폰할인, 적립금 할인 등이 적용되어 실제 고객이 최종 결제를 한 금액을 말합니다.

❹ 배송비 포함 여부를 체크합니다.

❺ 사은품 지급 형태와 방식을 선택합니다.

❻ 고객이 사은품을 선택하는 페이지를 체크합니다.

❼ [확인] 버튼을 클릭합니다.

2. 쿠폰 관리하기

쇼핑몰에서 쿠폰은 고객에게 재방문을 유도하고 구매력을 증대시킬 수 있는 효과가 있습니다. 쿠폰을 통해 매출 증대 효과와 충성고객 증가, 쇼핑몰의 홍보 효과를 얻을 수 있으므로 적절히 사용하면 효율적입니다.

쿠폰 기본설정
■ 메뉴위치 : 쇼핑몰 설정 > 프로모션 설정 > 쿠폰 설정

(1) 기본설정

❶ 쿠폰사용 여부를 체크합니다. 사용시 '사용함'을 체크합니다.

❷ **쿠폰 사용 제한** : 쇼핑몰에서 고객이 사용 가능한 쿠폰 적용 범위를 설정할 수 있습니다.
- **주문서 + 상품별 쿠폰사용** : 쿠폰 사용 시 주문서와 상품별 쿠폰 모두 사용합니다.
- **주문서 쿠폰만 사용** : 주문서 쿠폰만 사용합니다.
- **상품별 쿠폰만 사용** : 상품별 쿠폰만 사용합니다.

❸ 적립금과 쿠폰의 동시사용 여부를 설정할 수 있습니다. '사용안함'으로 설정하는 경우 적립금과 쿠폰 중 한가지만 사용할 수 있습니다.

❹ **할인 동시 사용** :
- **쿠폰 + 회원등급할인 동시 사용** : 동시 할인이 적용됩니다.
- **쿠폰만 사용** : 쿠폰 적용시 회원등급 할인이 0원 처리되며, 쿠폰을 적용하지 않는 경우 회원등급 할인이 적용됩니다.
- **회원등급 할인만 사용** : 쿠폰 기능을 사용으로 하였더라도 쿠폰을 선택할 수 있는 버튼이 나타나지 않습니다.

❺ 상품별 쿠폰과 주문서 쿠폰을 하나의 주문서에 동시사용 여부를 설정할 수 있습니다.

❻ 쿠폰 복원 설정 : 취소/반품/교환시 해당 상품에 사용한 쿠폰을 미사용 쿠폰으로 복원할지 또는 쿠폰을 소멸할지에 대한 설정입니다.

❼ 쿠폰 사용 개수를 제한하고 싶은 경우, 원하는 설정에 체크 후 사용 개수를 입력하면 입력한 개수만큼 쿠폰 사용이 가능합니다. 쿠폰 사용량 제한을 비활성화 할 경우 보유한 쿠폰만큼 무제한 사용이 가능하여 할인폭이 커질 수 있으니, 제한 설정을 권장합니다.

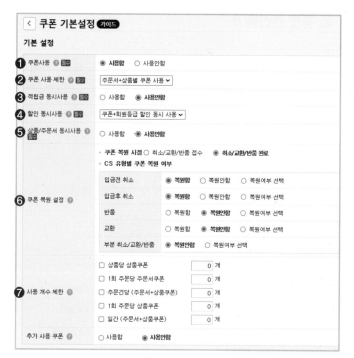

(2) 디자인 설정

❶ 쿠폰들의 정렬 기준을 선택합니다.
❷ 쿠폰 다운로드 버튼 이미지를 선택합니다. 제작한 이미지가 있다면 '직접 등록'을 체크합니다.
❸ [저장] 버튼을 클릭합니다.

쿠폰 만들기

■ 메뉴위치 : 프로모션 > 쿠폰관리 > 쿠폰 만들기

❶ 쿠폰 이름과 설명을 입력합니다.

❷ 할인 혜택률 또는 금액을 입력합니다.

❸ [대상자 지정 발급] 버튼을 선택하면 관리자가 지정한 회원에게만 쿠폰을 발급합니다.

❹ 발급시점 : 쿠폰이 노출되거나 발급되는 시점을 설정할 수 있습니다. 대상자 지정 발급 쿠폰은
생성 후 발급까지 해주어야 합니다.

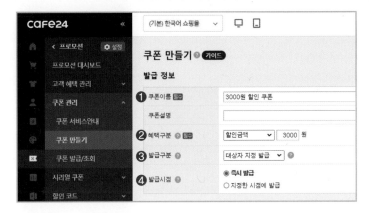

❺ 쿠폰 사용 기간, 범위를 설정합니다.

❻ 쿠폰을 사용할 때 주문 금액과 상품 금액 기준이 있을 경우 설정합니다.

❼ 로그인 시 쿠폰 발급을 알리는 팝업창 사용 여부를 체크합니다.

❽ 쿠폰 발급 SMS 발송 여부를 체크합니다.

❾ 쿠폰 발급 이메일 발송 여부를 체크합니다.

❿ [저장] 버튼을 클릭합니다.

앞에서 설명한 대상자 지정 발급 쿠폰 외에 다른 쿠폰 발급 기능도 있으므로 상황에 따라 적절하게 사용하면 쇼핑몰을 효율적으로 운영할 수 있습니다.

■ 메뉴위치 : 프로모션 〉 쿠폰관리 〉 쿠폰 만들기

쿠폰 조건부 자동발급

회원 가입, 생일 등 조건에 맞는 상황일 때 자동 발급되는 쿠폰입니다.

❶ 발급 쿠폰에서 조건부 자동 발급을 선택합니다.

❷ 조건을 선택합니다.

❸ [저장] 버튼을 클릭합니다.

쿠폰 고객 다운로드 발급

고객이 직접 다운로드할 수 있는 쿠폰입니다.

❶ 발급 쿠폰에서 [고객 다운로드 발급]을 선택합니다.

❷ 노출 설정에서 '노출함'을 선택하면 상품 상세 페이지에 쿠폰이 노출됩니다.

❸ [저장] 버튼을 클릭합니다.

❹ [PC쇼핑몰 바로가기 🖵] 버튼을 클릭하면 상품 상세 페이지 위쪽에 등록한 쿠폰이 노출됩니다.

고객은 [전체쿠폰 다운받기] 버튼을 클릭해서 쿠폰을 다운받을 수 있습니다.

쿠폰 발급/조회

■ 메뉴위치 : 프로모션 > 쿠폰관리 > 쿠폰 발급/조회

(1) 발급 쿠폰 목록

쿠폰 만들기에서 등록한 쿠폰들이 표시됩니다.

❶ 쿠폰을 검색할 수 있습니다.

❷ 쿠폰번호, 쿠폰명을 클릭하면 쿠폰의 상세 항목을 확인할 수 있습니다.

❸ 쿠폰을 발급합니다.

❹ 쿠폰 발급 내역을 조회할 수 있습니다.

❺ 쿠폰을 발급 중지할 수 있습니다.

❻ 쿠폰을 삭제, 완전 삭제를 할 수 있습니다.

(2) 쿠폰 발급하기

❶ [발급] 버튼을 클릭합니다.

□	쿠폰번호 ▼	쿠폰명 ▼	혜택 ▼	사용기간 ▼	발급수 ▼	발급구분 ▼	상태	발급	조회	설정	로그	경로
□	150264000000000153	조건부 자동발급	할인금액 5000원 할인	2015-11-21 00:00 ~ 2015-11-24 23:00	0	조건부 자동	발급중	⏸발급중지	조회	복사	조회	-
□	150264000000000152	고객 다운로드	할인금액 5000원 할인	2015-11-21 00:00 ~ 2015-11-24 23:00	1	고객 다운로드	발급중	발급 ⏸발급중지	조회	복사	조회	복사
□	150264000000000151	직접 발급 쿠폰	할인금액 3000원 할인	2015-11-21 00:00 ~ 2015-11-24 23:00	1	대상자 지정	발급중	발급	조회	복사	조회	-

❷ 발급 처리할 그룹 또는 회원을 선택합니다.

❸ [발급] 버튼을 클릭합니다.

(3) 쿠폰 수정하기

❶ 수정 처리할 쿠폰 번호 또는 쿠폰명을 클릭합니다. 발급된 쿠폰에 대해서는 수정할 수 없습니다. 수정은 발급수가 0인 쿠폰만 가능합니다.

❷ 하단에 [수정] 버튼을 클릭합니다.

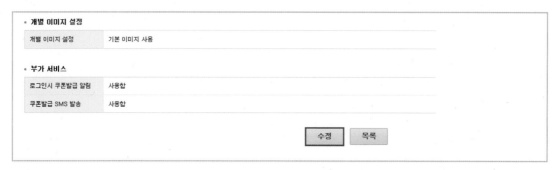

❸ 쿠폰 설정을 수정하고 [저장] 버튼을 클릭합니다.

● 쿠폰 관리 주의사항

– 쿠폰이 발급된 이후 해당 쿠폰은 회원의 자산으로 법적인 보호를 받으며, 발급된 쿠폰에 대해서는 수정할 수 없습니다.
– 쿠폰 삭제(회수)에 대하여 약관에 기재되어 있지 않았다면, 해당 쿠폰을 회수하는 경우 회원에게 사전 고지 하여야 합니다.
– 쿠폰 임의 삭제시 전자금융거래법, 표시광고의 공정화에 관한 법률, 전자상거래 등에서의 소비자보호에 관한 법률에 저촉 받습니다.
– 상품권성 쿠폰의 경우 유효기간이 경과하더라도 상사채권 소멸시효인 5년 이내인 경우에는 90% 환불해야 합니다.
– 소셜커머스를 통해 쿠폰이 발급된 경우, 쿠폰 유효기간이 끝나더라도 구입가의 70%에 해당하는 금액을 환불해야 합니다.

● 쿠폰 발급상태

– 발급중 : 사용기간이 남아있고 삭제되지 않아서 쿠폰 발급이 가능합니다.
– 발급중지 : '조건부 자동 발급' 쿠폰일 경우 고객에게 자동 발급되지 않으며, '고객 다운로드 발급' 쿠폰일 경우 쇼핑몰 화면에 표시되지 않습니다.
– 발급불가 : 사용기간이 종료되어 더이상 사용할 수 없는 쿠폰입니다.
– 삭제(발급불가) : 삭제한 쿠폰입니다.

(4) 쿠폰 삭제하기

❶ 삭제할 쿠폰 목록에 체크를 합니다.

❷ 삭제 시는 [삭제] 버튼을 클릭합니다.

❸ 삭제 여부를 묻는 창이 나타나면 [확인] 버튼을 클릭합니다.

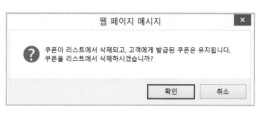

> 웹 페이지 메시지 ✕
>
> ❓ 쿠폰이 리스트에서 삭제되고, 고객에게 발급된 쿠폰은 유지됩니다. 쿠폰을 리스트에서 삭제하시겠습니까?
>
> [확인] [취소]

❹ 완전 삭제시는 [완전삭제] 버튼을 클릭하고 삭제 여부를 묻는 창이 나타나면 [확인] 버튼을 클릭합니다.

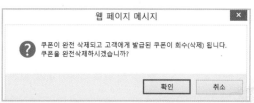

> 웹 페이지 메시지 ✕
>
> ❓ 쿠폰이 완전 삭제되고 고객에게 발급된 쿠폰이 회수(삭제) 됩니다. 쿠폰을 완전삭제하시겠습니까?
>
> [확인] [취소]

알 아 두 기

● **쿠폰 삭제**

– 삭제 : 목록에서 감춰집니다. 쿠폰이 소멸되는 것은 아니며 이미 발급한 쿠폰은 사용할 수 있습니다.

– 완전 삭제 : 쿠폰이 소멸됩니다. 이미 발급한 쿠폰은 회수되는 점을 주의해야 합니다.

● **발급 일시중단 방법**

– 쿠폰이 발급된 이후, 발급을 잠시 중지하려면 해당 쿠폰의 [발급중지] 버튼을 클릭합니다.

- '발급중지' 상태인 쿠폰의 [발급재개] 버튼을 클릭하면 해당 쿠폰을 다시 발급할 수 있습니다.
- 발급중지 상태이거나 예약되어 있을 경우에는 [발급중지], [발급재개] 버튼을 통해 중단 기간 변경이 가능합니다.
- 발급상태에 밑줄이 있는 경우에는 클릭 시 발급중지 예약된 기간을 확인할 수 있습니다.
- 발급중지 해제일 이후에도 사용기간이 유효하다면 쿠폰 발급이 재개됩니다. 단, 발급 중지된 기간동안 조건이 만족되어도 발급되지 않았던 쿠폰들은 발급 재개된 이후에도 발급할 수 없는 점을 유의해야 합니다.
- 이미 삭제된 쿠폰과 사용기간이 종료된 쿠폰, 발급구분이 '대상자 지정 발급'인 쿠폰은 발급중지 기능을 사용할 수 없습니다.

 **쿠폰 발급 SMS 발송 설정**

쿠폰이 발급되었을 때 고객에게 보내는 SMS 발송 메시지 설정을 할 수 있습니다.

■ 메뉴위치 : 고객관리 〉 SMS 발송관리 〉 자동 SMS 발송설정

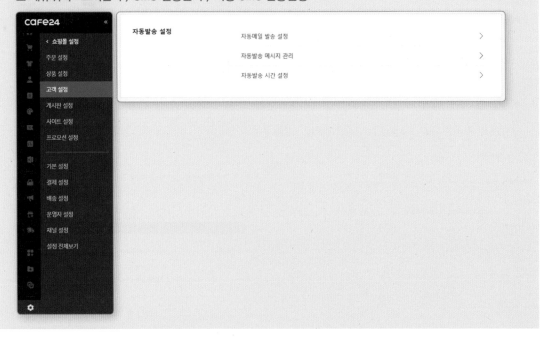

❶ 쿠폰발급 안내 메시지에서 고객을 체크합니다.
❷ 메시지 내용을 수정합니다.
❸ [메시지 저장] 버튼을 클릭합니다.

3. SNS 관리하기

　SNS 기능을 제대로 사용하면 다양한 SNS의 수많은 이용 고객들이 자신의 계정에 상품정보를 스크랩하여, 불특정 다수의 수많은 인맥에게 손쉽게 상품 및 쇼핑몰을 홍보할 수 있는 계기가 될 수 있습니다. SNS로 스크랩된 상품의 URL 정보를 통하여 쇼핑몰로 진입할 수 있으므로 방문자수도 자연스럽게 증가될 수 있습니다. 이벤트, 프로모션 등 기간 내 홍보가 필요한 상품에 대한 빠른 정보 전달로 홍보 효과가 업그레이드 되고 SNS로 상품 스크랩한 데이터를 바탕으로 회원 이벤트로 활용할 수도 있습니다.

SNS 상품 홍보관리

■ 메뉴위치 : 쇼핑몰 설정 > 상품 설정 > SNS 상품홍보 설정

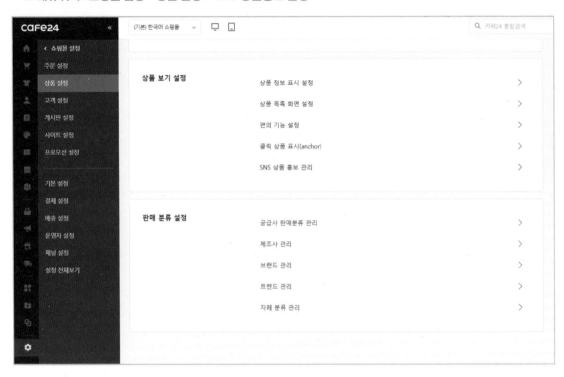

❶ 사용 여부를 설정합니다. 사용설정에서 '사용안함'을 선택하면 상세 페이지에 해당 아이콘이 나타나지 않습니다.

❷ SNS 아이콘을 변경합니다.

❸ 상세 페이지의 SNS 아이콘 노출 모습입니다.

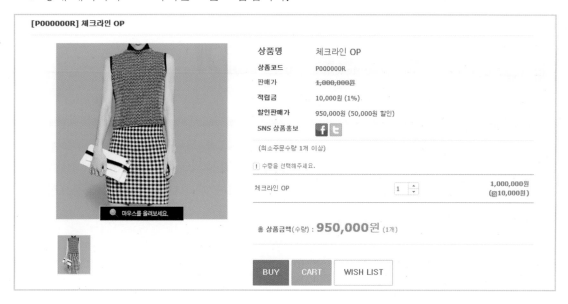

[P000000R] 체크라인 OP

상품명	체크라인 OP
상품코드	P000000R
판매가	~~1,000,000원~~
적립금	10,000원 (1%)
할인판매가	950,000원 (50,000원 할인!)
SNS 상품홍보	

(최소주문수량 1개 이상)

⚠ 수량을 선택해주세요.

체크라인 OP	1 ▲▼	1,000,000원 (⊜10,000원)

총 상품금액(수량) : **950,000**원 (1개)

BUY　CART　WISH LIST

10 : 모바일 쇼핑몰 구축하기

스마트폰이 대중화되면서 빠른 성장을 보이는 것이 모바일 쇼핑몰입니다. 모바일의 편리함 때문에 이동 중에 쇼핑을 즐기는 사람들이 늘어나고 있으며, 그에 따라 모바일 쇼핑몰의 중요성은 PC를 뛰어넘었습니다.

1. 모바일 쇼핑몰 사용 설정하기

고객이 모바일로 내 쇼핑몰에 접속했을 때 보이는 화면 설정입니다.

■ 메뉴위치 : 쇼핑몰 설정 > 사이트 설정 > 쇼핑몰 환경 설정

❶ 모바일 탭을 클릭합니다.

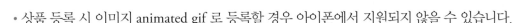

❷ '사용함' 설정 시, 안드로이드/아이폰/아이패드에서 모바일 화면으로 접속됩니다. 모바일 디자인과 PC 디자인을 각각 사용하려면 모바일 전용 디자인 사용 설정에서 '사용함'을 체크합니다.

• '사용안함'으로 설정 시, 아래 설정은 다음과 같이 변경됩니다.
   – 모바일 접속 주소 자동연결 설정 : 사용안함
   – 모바일, PC 쇼핑몰 화면전환 설정 : 사용안함
   – 결제 사용여부 : 사용함
   – 로그인 상태 유지 : 사용함

• 스마트 디자인 Easy 쇼핑몰처럼 반응형 쇼핑몰을 사용하고 있다면 '사용안함'을 체크합니다. 반응형은 기기의 해상도에 따라서 PC 디자인이 자동적으로 모바일 디자인으로 변하기 때문입니다.

• 상품 등록 시 이미지 animated gif 로 등록할 경우 아이폰에서 지원되지 않을 수 있습니다.

• 모바일 전용 디자인을 '사용안함'으로 설정하면 접속통계에서 모바일 통계는 집계되지 않습니다.

❸ 모바일 쇼핑몰은 PC 쇼핑몰 주소 앞에 'm.'을 붙여주면 바로 확인할 수 있습니다.

❹ **결제 사용 여부** : 모바일 결제는 쇼핑몰에서 사용 중인 결제 수단을 동일하게 사용할 수 있습니다.

❺ [저장] 버튼을 클릭합니다.

2. 모바일 쇼핑몰 디자인하기

모바일 로고 수정하기

■ 메뉴위치 : 디자인(PC/모바일) > 디자인 보관함 > 모바일 탭

❶ [편집] 버튼을 클릭해서 에디터를 열어줍니다.

❷ 로고 모듈에 마우스를 가져간 후 [편집] 버튼을 클릭합니다.

❸ 속성을 클릭합니다.
❹ 이미지를 체크합니다.
❺ [파일 선택] 버튼을 클릭합니다.

❻ 로고 이미지 파일을 찾아서 [열기] 버튼을 클릭합니다.

❼ 이미지를 업로드했으면 [적용] 버튼을 클릭합니다.

❽ 로고가 이미지로 변경되었습니다.

알 아 두 기 ⋯⋯⋯⋯

로고 이미지 변경은 '쇼핑몰 설정 〉 사이트 설정 〉 쇼핑몰 환경설정' 탭에서도 변경 가능합니다.
모바일 전용 디자인 사용설정을 '사용함'으로 체크합니다. 화면설정 부분에서 이미지를 체크하고 이미지를 변경합니다.

모바일 메인 이미지 수정하기

(1) 메인 이미지 변경

■ 메뉴위치 : 쇼핑몰 설정 > 사이트 설정 > 쇼핑몰 환경설정

❶ 모바일 탭을 클릭하고 '모바일 전용 디자인설정'에 '사용함'을 체크합니다.

❷ 화면설정에서 메인 배너 등록에 '사용함'을 체크합니다.

❸ [파일 선택] 버튼을 클릭합니다.

❹ 메인 이미지 파일을 찾아서 [열기] 버튼을 클릭합니다.

– 권장 이미지 사이즈 : 가로 600(pixel), 권장 확장자 : gif, jpg, png

❺ 링크를 연결할 페이지가 있다면 주소를 입력합니다.

❻ 추가할 이미지가 있다면 [+] 버튼을 클릭해서 폼을 늘린 다음 이미지를 찾아서 추가합니다. 배너를 1개 이상 등록한 경우, 배너에 스와이프 기능(스마트폰에서 손가락으로 화면을 쓸어 넘기는 것)이 최대 5개까지 자동 적용됩니다.

❼ 모든 작업이 완료되면 [저장] 버튼을 클릭합니다.

❽ [모바일 쇼핑몰 바로가기] 버튼을 클릭합니다.

(기본) 한국어 쇼핑몰 ∨ 🖥 📱

❾ 모바일 쇼핑몰에 메인 페이지가 등록되었습니다.

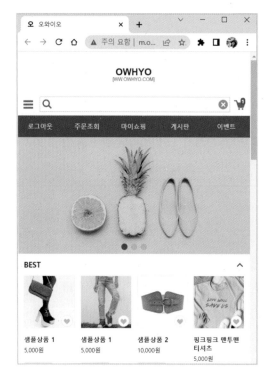

상품 진열 개수 변경하기

■ 메뉴위치 : 디자인(PC/모바일) > 디자인 보관함 > 모바일 탭

❶ 모바일 디자인의 [편집] 버튼을 클릭합니다.

❷ 추천상품 모듈에 마우스를 가져간 후 [편집] 버튼을 클릭합니다.

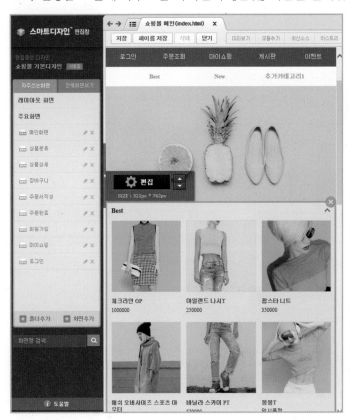

❸ [모듈편집]을 클릭하고 원하는 진열 방식을 선택합니다.

❹ [적용] 버튼을 클릭합니다.

❺ 선택한 진열 방식으로 변경되었다면 [저장] 버튼을 클릭합니다.

부록

쇼핑몰 핵심 포토샵 강좌

유튜브 '길자쌤의 쇼핑몰스쿨'에서 더 많은 쇼핑몰 포토샵 강좌를 보실 수 있습니다.

1. 상품이 돋보이는 포토샵 보정하기

■ 상품 밝기 보정하기

동영상 강의 보기	QR코드로 바로보기
https://youtu.be/2STp7GwnB_Y	

❶ [File] 〉 [Open] 메뉴를 선택하여 이미지를 열어줍니다.

❷ 레이어 팔레트의 Background를 드래그하여 [새 레이어 만들기] 버튼에 놓으면 레이어가 복사됩니다.

- 보정 전에는 레이어를 복사해서 원본 이미지의 손실을 막는 것이 좋습니다.

❸ [Image] > [Adjustments] > [Curves] 메뉴를 선택합니다.

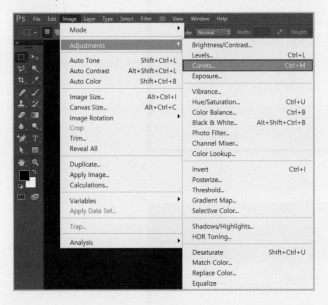

■ Curves 사용하기

그래프 왼쪽의 8칸이 어두운 영역, 오른쪽의 8칸이 밝은 영역으로 선을 드래그하여 그래프를 조절합니다. 이때 점이 생기면 점을 드래그해서 밝기 조절이 가능합니다. 점을 버리는 방법은 화면 밖으로 드래그하면 됩니다.

• 이미지 밝게 보정하기 : 선을 드래그해서 위로 올려주면 이미지가 밝아집니다.

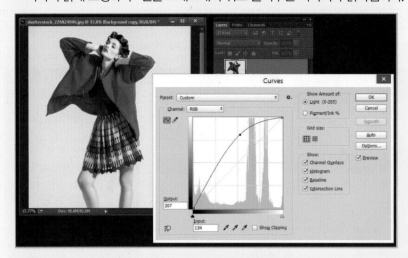

• 이미지 어둡게 보정하기 : 선을 드래그해서 아래로 내려주면 이미지가 어두워집니다.

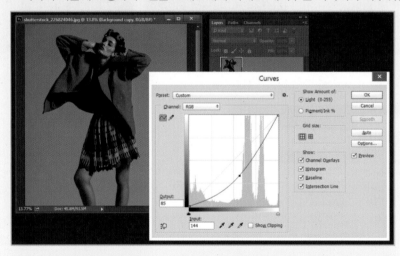

• 이미지 대비 주기 : 선의 오른쪽을 올리고 왼쪽을 내립니다. 밝은 곳은 밝게 어두운 곳은 어둡게 설정됩니다.

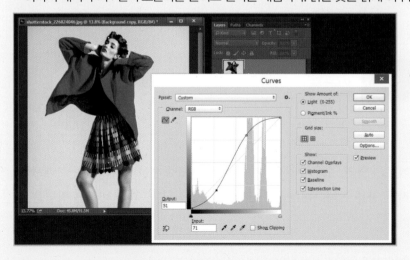

❹ [OK] 버튼을 클릭합니다.

레이어 팔레트의 눈을 On/Off 하면 이미지의 변화를 확인할 수 있습니다.

■ 상품 색상 보정하기

동영상 강의 보기	QR코드로 바로보기
https://youtu.be/0SrAxgzLFys	

❶ [File] 〉 [Open] 메뉴를 선택하여 이미지를 열어줍니다.

❷ 레이어 팔레트의 Background를 드래그하여 새 레이어 만들기 버튼에 놓으면 레이어가 복사됩니다.

• 보정 전에는 레이어를 복사해서 원본 이미지의 손실을 막습니다.

• 단축키 : [Ctrl] + [J]

❸ [Image] 〉 [Adjustments] 〉 [Hue/Saturation] 메
뉴를 선택합니다.

■ Hue/Saturation 사용하기

색상/채도를 조절합니다.

• Hue를 조절하면 색조를 조절하여 상품의 색상을 변경할 수 있습니다.

• Saturation을 조절하면 채도를 조절합니다. 값이 −100일 경우 흑백이미지가 됩니다.

❹ [OK] 버튼을 클릭합니다.

레이어 팔레트의 눈을 On/Off 하면 이미지의 변화를 확인할 수 있습니다.

2. 액션을 이용한 이미지 사이즈 한번에 조절하기

포토샵의 액션은 적용했던 기능을 저장해서 다음번에 또 적용할 수 있게 해주는 기능입니다. 쇼핑몰에서 가장 많이 사용하는 액션은 기존에 찍은 사진의 사이즈를 줄여주는 것입니다.

■ 액션 만들기

동영상 강의 보기	QR코드로 바로보기
https://youtu.be/5aU0-o9wTAY	

❶ [Window] 〉 [Actions] 메뉴를 클릭해서 액션 팔레트를 열어줍니다.

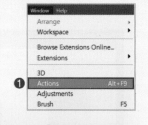

❷ 액션 팔레트에서 [그룹] 버튼을 클릭합니다.

❸ 그룹 이름을 입력하고 [OK] 버튼을 클릭합니다.

❹ [File] 〉 [Open] 메뉴를 선택하여 이미지를 열어줍니다.

❺ [새 액션만들기] 버튼을 클릭합니다.　　❻ 액션 이름을 입력합니다.

❼ 액션이 저장될 그룹을 선택합니다.　　❽ 액션 단축키를 선택합니다.

❾ [Record] 버튼을 클릭합니다.

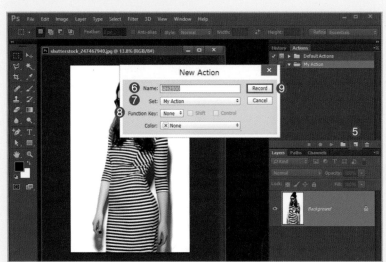

[녹화] 버튼이 켜졌습니다.

⑩ [Image] 〉 [Image size] 메뉴를 선택합니다.

⑪ 사이즈 값을 입력하고 [OK] 버튼을 클릭합니다.

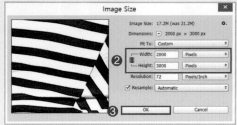

⑫ 액션 팔레트에서 [중지] 버튼을 클릭하면 액션이 저장됩니다.

■ 액션 적용하기

❶ [File] 〉 [Open] 메뉴를 선택하여 액션을 적용할 이미지들을 열어줍니다.

❷ 액션 팔레트의 [재생] 버튼을 클릭합니다.

3. 쇼핑몰 대표 이미지 쉽게 만들기

대표 이미지란 쇼핑몰 메인 상품 목록이나 상세 페이지에 대표로 나타나는 상품 이미지를 말합니다.

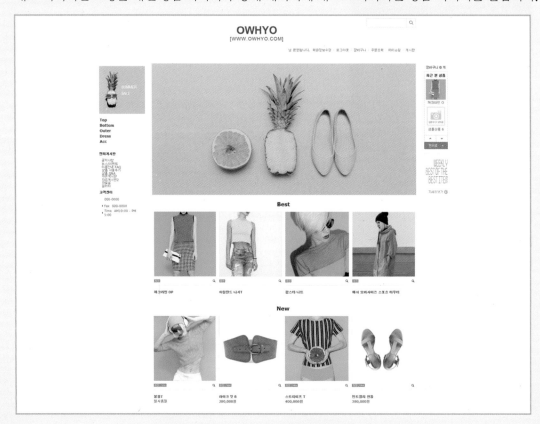

■ 대표 이미지 사이즈로 새창 열기

❶ [File] 〉 [New] 메뉴를 선택합니다.

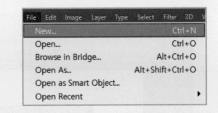

❷ 단위를 선택하고 가로, 세로 사이즈를 입력합니다.

❸ 해상도 및 색상모드를 선택합니다.

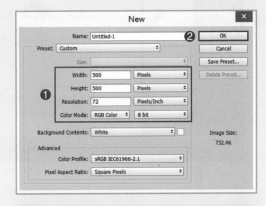

❹ [OK] 버튼을 클릭하면 새 창이 열렸습니다.

■ 웹용 새창 열기 설정

• 가로, 세로 사이즈는 각 사이트에 맞는 대표 이미지 사이즈로 입력(카페24 기본은 500×500pixels)

• 단위 : pixels

• 해상도 : 72

• 색상모드 : rgb

■ 자유 변형을 이용하여 대표 이미지 만들기

❶ [File] 〉 [Open] 메뉴를 선택하여 이미지를 열어줍니다.

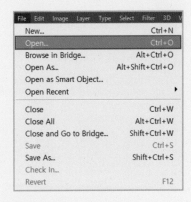

❷ 이동 툴을 클릭한 후 이미지를 새 창으로 드래그해서 가져옵니다.

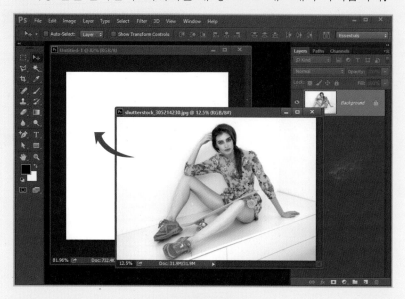

❸ 이미지의 크기가 큰 경우 [File] 〉 [Free transform] 메뉴를 선택합니다(단축키: Ctrl + T).

❹ transform 영역이 활성화되면 활성화된 영역의 모서리를 Shift 를 누르고 안쪽으로 드래그합니다. 만약 영역이 보이지 않을 경우 Ctrl + − 를 눌러서 화면을 축소합니다.

 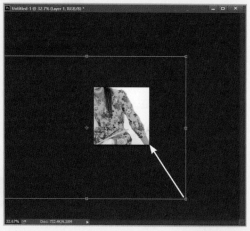

❺ Enter 를 클릭합니다.

■ 웹용으로 저장하기

동영상 강의 보기	QR코드로 바로보기
https://youtu.be/2ehSgNpXEL0	

웹용으로 최적화해서 저장하는 방법으로, 웹용 파일 형식(jpg, gif, png)으로 저장합니다. 이미지 정보 및 컬러 정보 등을 조절하여 저장할 수 있습니다.

❶ [File] 〉 [Save for web] 메뉴를 선택합니다.

❷ 파일 형식 및 파일 품질을 선택하고 [Save] 버튼을 클릭합니다.

❸ 파일 이름을 입력합니다. 단, 웹에 올리는 파일은 파일명에 한글이 들어가면 안됩니다.

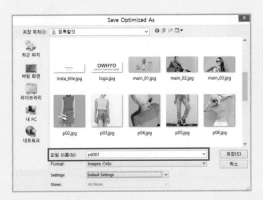

Start Up 시리즈 ●●●●●●●●● (대상 : 일반)

Start Up 시리즈는 유튜브, 인스타그램, 블로그, 페이스북, 트위터 등 다양한 플랫폼을 통해 누구나 콘텐츠를 제작하여 유통할 수 있는 시대에 맞춰 고객의 니즈를 파악하여 제작한 교재입니다. 더불어 많은 수익창출로 새로운 1인 창업의 기회가 되고, 1인 크리에이터로 제대로 된 기획, 제작, 마케팅, 수익 창출을 위한 내용을 수록하였습니다.

**스마트폰으로
유튜브 크리에이터 되기**

남시언 | 19,500원 | 288쪽

**인스타그램으로
SNS 크리에이터 되기**

남시언 | 15,000원 | 228쪽

**아보느의
홈페이지형 블로그 만들기**

윤호찬 | 15,000원 | 260쪽

**집에서 10억 버는 카페24 쇼
핑몰 제작하기(유튜브 동영상
강좌 제공)**

박길현 | 25,000원 | 416쪽

**현직 줌(ZOOM) 강사가 알려
주는 하루 만에 ZOOM으로
프로 강사되기**

김가현 | 9,000원 | 80쪽

**돈버는 SNS 콘텐츠 만들기
with 미리캔버스**

박정 | 16,000원 | 226쪽

**2시간만에
유튜브 크리에이터 되기**

허지영 | 9,000원 | 93쪽

**블로그 글쓰기
나만의 콘텐츠로 성공하기**

남시언 | 15,000원 | 282쪽

**엄마와 아이가 함께 하는
스마트폰으로 이모티콘 작가되기**

임희빈 | 16,000원 | 208쪽